고광우 수상집

여유와 향기

㈜지학사

차례

새 출간에 제하여 / 5
책머리에 / 7

1. 경이와 감동

경이와 감동 / 11
무더위와 함께 오는 축복 / 13
해운대의 파도 / 16
가을이 오면 / 20
낭만의 겨울 / 23
여유와 향기 / 26
생명의 힘 / 29
반 조각의 아이스크림 바 / 31
미소의 철학 / 34
넥타이 / 37
이별의 한(恨) / 40

2. 약육강식

논리와 생리 / 47
가짜와 신의(信義) / 49

소탐대실(小貪大失) / 51
약육강식(弱肉强食) / 53
변절(變節) / 55
색안경을 벗자 / 57
교만과 겸허 / 60
더치 페이 / 62
가치체계의 확립 / 64
바벨탑 / 66

3. 승자와 패자

나이를 이루어 / 71
이런 역설(逆說) / 73
마음의 터전 / 78
도박과 인생 / 81
승자와 패자 / 83
동기와 수단 / 86

판잣집에 깃든 운명 / 88
밀항자 / 93
영원한 청춘 / 96
운명이라는 것 / 99
국가(國歌)와 국화(國花) / 102

4. 지식과 지혜

지식과 지혜 / 107
심판의 고뇌 / 110
능력의 한계 / 112
죄의식과 증오의 윤리 / 114
직업과 긍지 / 117
새출발 / 120
내가 느낀 변호사 직업 / 122
정사(情死)와 간통 / 127
법정 변호인석 시비 / 132

정의보다 중한 것 / 135

5. 괘씸죄

법과 눈물 / 141
법보다 양식(良識) / 143
법과 도덕 / 145
거짓말 / 147
괘씸죄(罪) / 150
대리 복역 / 152
사랑과 범죄 / 154
다양성 속에서의 통일 / 157
행협발효(行協發效) 한 돌 / 160
양형과 사회정의 / 162
인생의 예술화 / 165

새 출간에 제하여

저는 이 책 ≪여유와 향기≫를 1990년 첫 출판에 이어 그 후 2쇄 3쇄를 거친 후 이제 오랜만에 지학사에서 이를 새로이 출간하게 되었습니다.

세월이 지남에 따라 우리 인간의 생활은 커다란 변화를 가져오고 있습니다만 그러나 그럼에도 불구하고 역시 인간의 근원적 본성과 감성은 언제나 변함이 없는 것이며 여기에서 인간 서로의 사랑과 자기희생 그리고 탐욕과 범죄 등 역시 예나 다름없이 이어지고 있다 할 것입니다.

저는 그동안 검사 변호사 등 법조생활에서 가지가지의 인간잡사와 접하면서 위와 같은 인간의 근원적 문제에 부딪히게 되어 여기에서 현실의 명리와 시사에서 벗어나 진정 우리들 삶의 가치와 의미에서 이를 새겨보면서 그때마다 이 글들을 써본 것이며 금번 책 끝머리에 '양형과 사회정의'라는 글을 부가했습니다.

이제 오랜 친우인 권병일 지학사 회장이 기꺼이 다시 이 책을 새로이 출간하는 것에 대하여 여기에서 심심한 사의를 표하는 바입니다.

2012년 9월 15일
서울 방배동에서
高光羽

책머리에

　인간의 세계는 어떻게 보면 참으로 아름답기만 합니다.
　저는 오래전부터 운동삼아 새벽마다 집 뒷산에 오르고 있는데 거기에 우거져 있는 나뭇가지와 짓푸른 나뭇잎을 바라보면서 언제나 새삼 생명의 환희와 약동을 느끼고 대자연에 스며 있는 하나님의 섭리와 신비에 감탄을 금치 못하는 것입니다. 여기에서 인간의 지혜와 용기 그리고 인간 서로의 사랑과 희생으로 전개되는 우리 인간의 생활은 정녕 현실의 낙원이 아닐까 생각되기도 합니다.
　그러나 인간의 세계는 그와 같이 아름답기만 한 것이 아니라 또한 거기에는 악마적인 추악성이 도사리고 있음은 가슴 아픈 일이 아닐 수 없습니다.
　무서운 가난에 질병이 엄습해오는가 하면 죽음의 공포는 인간 누구나 피할 길이 없는 것입니다. 여기에 인간의 탐욕과 거짓 그리고 인간 서로의 증오와 범죄가 난무하기도 하는 것입니다. 그것은 또한 지옥의 한 장면일지도 모르겠습니다.
　우리 인간은 그러한 이중적인 세계에서 항상 자기 선택의 무거운 짐과 갈등 속에서 헤매며 살아가고 있는 것이 아닌가 합니다. 그리고 여기에 인간의 괴로움이 있고 여기에 또한 인간의 위대함이 있는 것이라고 느껴지는 것입니다.

저는 언제 어디서나 자연과 인간 생활의 그와 같은 단면을 절실하게 느껴왔습니다. 특히 저는 젊어서부터 법조생활에 종사하면서 인간의 가장 처절한 문제라고 할 범죄와 형벌 그리고 분쟁과 승패의 순간 순간 속에서 살아오면서 인간 생활의 그와 같은 이중성과 복잡성이 가슴속 깊숙이 절박하게 와닿는 것을 느꼈습니다. 그때마다 저는 생각을 정리하여 신문, 잡지 등에 단편적으로 글을 써보았습니다.

저는 그것을 무신론자의 입장에서 느끼고 생각해왔습니다만 십여 년 전 하나님을 믿게 되면서부터는 믿는 자의 마음으로 느끼고 생각하게 되었습니다.

원래 부족한 저의 지혜와 능력을 바탕으로 씌어진 이 글들이 얼마만큼 가치가 있는 것이냐 하는 것은 적이 의문되는 바라 할 것입니다. 그럼에도 불구하고 범우사의 윤형두 사장이 그 출판을 쾌히 승낙하시어 이 글들을 한데 묶어 세상의 빛을 보게 하여 주신 데 대하여 여기서 진심으로 감사의 뜻을 표하는 바입니다.

1990년 2월 17일
서울 성산동에서
高光羽

1
경이와 감동

경이와 감동

"우리가 경험할 수 있는 가장 아름다운 것은 신비스러운 것이다. 그것은 진정한 예술과 과학의 요람에 있는 기본적 정서이다. 이것을 모르고 경이와 감동을 느끼지 못한 사람은 불 꺼진 촛불과 같은 죽은 사람이다."

이 말은 20세기의 최고의 과학자인 아인슈타인 박사가 〈나의 세계관〉이라는 글에서 한 말이다.

과학자이면서 과학과는 거리가 먼 신비와 경이, 그리고 감동을 느껴야 한다고 주장한 것이다. 어떻게 보면 지극히 역설적인 것같이 생각된다.

그러나 우리는 신비스런 자연, 신비스런 세계에 살면서도 실제로는 아무런 신비를 경험하지 못하고 어떠한 경이와 감동도 없이 살아가는 것이 아닐까.

우리는 매일같이 밖에서는 거창한 대중의 물결, 번쩍이는 기계

문명에 이끌려가며, 안에서는 천편일률적인 일상적 생활의 틀에 박혀 살아가고 있는 것이다.

  또한 우리는 외형적 생활양식에 있어 유행을 좇기에 바쁘고 내면적 사고에 있어서는 개념과 공식이 되풀이될 뿐이다. 남이 살아가는 방식에 따라 덤으로 살아가는 것이라고나 할까. 따라서 모든 것은 그저 진부하고 평범한 것뿐인 것이다. 여기에서 우리는 삶의 공허를 느끼지 않을 수 없고 삶의 권태와 피로를 느끼지 않을 수 없는 것이다. 여기에는 어떠한 신비도 있을 수 없고 어떠한 경이와 감동도 있을 수 없는 것이다.

  그러나 우리의 세계, 우리의 주변에는 갖가지의 신비에 싸여 있다. 인간의 능력으로는 알 수 없는 무한한 신비에 싸여 있는 것이다. 광막한 우주의 신비, 장엄한 대자연의 신비, 그리고 인간 자신이 만든 예술과 그 사랑의 신비 등……. 또한 인간은 원초적으로 정서의 동물이다. 아름다움을 느낄 줄 아는 정서를 가진 것이다.

  우리는 그러한 정서로서 현실이 강요하는 가지가지의 속박에서 벗어나 우리의 세계, 우리의 주변에서 새로운 신비를 찾아내면서 그리고 경이와 감동을 느끼면서 살아가는 것이 사람다운 삶의 보람을 가져오는 것이 아닐까.

  확실히 아인슈타인 박사의 말대로 그러한 신비와 경이, 그리고 감동 속에서만 우리는 우리 생활의 아름다움을 되찾을 수 있지 않을까.

(1977. 3. 15. 동아일보)

무더위와 함께 오는 축복

　벌써 여름이 성큼 다가왔다. 장마비가 오락가락하면서 한낮 날씨가 무더워지기 시작한다. 여름 날씨의 뜨거운 햇볕, 거기에 더하여지는 불쾌지수는 사람의 모든 기능을 빼앗아가는 듯하여 남는 것은 오직 짜증뿐인 것이다. 열대지방에서의 인간의 문화와 문명이 어이없이 뒤져 있는 이유를 알고도 남음이 있다.
　그러나 그럼에도 불구하고 간혹 어떤 사람들은 뜨거운 여름날을 성하(盛夏)라 하며 예찬하고 있는 것을 본다. 그러나 나는 여름날의 그 무더위는 그 누구의 말에도 또 무슨 이유에서든지 좋게 여겨지지 아니하는 것이다.
　나는 미국 샌프란시스코 옆 버클리에서 1년간 지낸 일이 있는데 그곳은 1년 내내 기온의 변화가 없고 언제나 우리 나라의 봄 또는 가을과 같은 날씨여서 그것 역시 지루하게 느껴졌다. 그때 나는 처음으로 여름날의 내리쬐는 뜨거운 햇볕이 적이 그리워졌던 것이다. 그러나 그것은 결코 여름 날씨 자체가 좋아서 그런 것이 아니라 다만 변화를 추구하는 인간 심리의 일단에 지나지 아니하였다고 믿어지는 것이다.

그러한 짜증스런 여름, 숨막히는 여름날에도 불구하고 우리의 마음과 정서를 사로잡는 것이 있으니 그것은 바로 대자연의 녹음이 아닐까.

푸르다 못해 검게 느껴지는 저 숲속의 녹음, 가로수의 찌는 듯한 햇볕 속에서 찬란히 빛나는 그 녹음의 생기, 그것은 바로 청춘이며 정열이며 꿈과 이상이며 또한 성장의 표상이 아닐까?

여기 군산에서 전주까지 4차선 도로가에 몇 년 전에 심어진 벚나무가 이제는 의젓한 모습을 갖추어 봄이 되면 으레 그 꽃이 구름처럼 만개되어 그 화려한 모습을 자랑하는 것이지만 나는 오히려 그 뒤에 새파랗게 이어지는 녹음을 더욱 즐기는 것이다. 봄 기운과 함께 피어오르는 그 꽃은 가냘픈 그리고 순간적 호화에 그치는 것이나, 여름날의 그 검푸른 녹음은 싱싱한 정열이고 한없는 안식이 아닐 수 없다.

나는 짜증스런 한여름이면 뒤의 월명산의 숲과 앞의 번영로의 우거진 녹음 속에서 언제나 이 진세(塵世)의 번민과 무거운 짐을 잠시나마 털어버리고 마음속 깊이 휴식과 활력을 얻는 즐거움을 가지는 것이다.

한여름의 무더위 속에 또 하나의 즐거움이 있으니 그것은 다름 아닌 하늘이 주는 선물, 저 멀리 먹구름이 덮쳐오면서 내리붓는 소나기가 바로 그것이다.

  맑게 갠 한여름날에 갑자기 시커먼 먹구름이 휩싸여 오면서 내리쏟아지는 소나기의 위력, 그것은 하늘을 덮고 온 누리를 뒤덮을 것만 같다. 이 지구를 온통 물바다로 휘몰아쳐 가는 것만 같다.

  그것은 한여름 속에서 미처 기대하지 않은 진정한 생명의 활력이며 상쾌함이 아닐 수 없다. 그것은 기온이 갑자기 시원해져서만이 그러한 것이 아니다. 내리쏟아지는 그 장엄한 모습이 활력 있고 상쾌하며 내리쏟아지는 그 세찬 소리가 더욱 활력 있고 상쾌하며, 내리쏟아진 빗물이 삽시간에 강물을 이루어 흘러가는 그 당당한 세도가 더욱 활력 있고 상쾌한 것이다.

  여름날의 이 소나기가 없다면 나는 이 답답하고 괴로운 가슴을 그 외 어디에다 호소할 수 있을 것인가?

  진정 한여름 속의 녹음과 소나기! 그것은 나의 인생에 있어서 하나님이 주시는 대자연의 더없는 은혜와 축복이며 즐거움이라고 생각되는 것이다.

(1986. 9. 대한변호사협회지)

해운대의 파도

나는 지난번 여름 휴가를 이용하여 모처럼 부산에 내려갔다. 물론 나와 같이 간 나의 아내나 아이들은 해수욕을 즐기려 하는 것이었으나 나는 결코 해수욕을 즐기려 부산에 간 것은 아니었다.

그 해운대의 파랗고 웅장한 물결을 바라보며 그 세찬 파도 소리를 듣는 것이 나 혼자만의 마음속 소망이었던 것이다.

그러므로 내가 탔던 기차가 부산역에 이르렀을 때 예기치 않은 비가 억수처럼 쏟아져도 나에게는 하등 실망이 있을 수 없었다.

해운대의 물결은 언제나 세찬 것이었지만 그날따라 바람이 불고 비가 내려 더욱 세차게 일고 있었다. 거칠게 모래사장을 박차고 육지로 뛰어오르는 것이었다. 하얀 물거품의 산맥을 만들면서 우렁차게 지구의 일각을 때리는 것이었다.

거창한 산맥을 끊임없이 이루면서 무엇이든지 아니, 전 지구를 삼킬 듯이 달려드는 것이었다. 감히 그 위대한 힘에 대결할 아무

것도 없는 것이다.

  언제부터인지는 모르나 해운대의 파도는 항상 나의 마음속의 그리움의 적(的)이 되어왔다.

  망막한 바다, 광막한 태평양의 한끝을 저 멀리 바라보며 그 거창한 파도를 보고 그 힘찬 파도 소리를 듣는 것은 가히 대자연의 위대한 모습과 위대한 힘을 한꺼번에 느낄 수 있는 것이다.

  어둠의 장막이 바닷가를 휩싸기 시작함에 따라 그 파도 소리는 더욱 세차고 요란해지는 것이었다. 밤은 깊어 만상은 잠이 들어가는데 오직 파도 소리만은 더욱더 드높아 잠자는 나의 귀에도 끊임없이 울려오는 것이었다.

  그 파도의 힘은 거창한 것이었다. 자연의 힘은 위대하다는 것을 다시금 느끼지 아니할 수 없는 것이었다. 그것은 저 끝없는 하늘과 망막한 대양, 거기에 휩싸여 있는 먹구름과 함께 대자연의 무한하고 영원한 신비와 위력이었던 것이다.

  그 옆에 서 있는 하나의 인간! 그것은 이 거창하고 위대한 자연의 조화에 어찌할 수 없는 힘없는 존재였다. 저 바다가 모래알처럼이나 무력하게 느껴지는 것이었다.

  파스칼은 그의 명저 《팡세》에서 인간의 지혜와 능력에 있어서의 유한성, 그리고 시간에 있어서의 유한성을 실례를 들어 예리하게 설파하였다.

  그러나 나는 파스칼의 그러한 논증이 없이도 그 망막한 바다와 그 물결을 보고 그 힘찬 파도 소리를 들으면 나는 나 자신도 모르게 인간 그리고 나 자신이 얼마나 미약한 존재인가를 다시금 새겨 보게 되는 것이다.

현대는 과학의 시대라고 한다. 과학이 인간의 두뇌의 소산이라면 세계는 바로 인간의 지배에 있다는 말일 것이다.

그러나 인간은 과연 대자연의 신비와 위력을 얼마만큼 깨닫고 있는 것일까? 오히려 인간의 과학은 대자연 대우주의 신비와 조화의 또 하나의 다른 형태가 아닐까?

자연의 질서는 인간의 역사, 인간의 흥망성쇠에도 불구하고 변함없이 이루어지고 있다.

여름이 가고 가을이 와도, 달이 가고 해가 바뀌어도 해운대의 파도는 변함이 없고 망막한 하늘과 바다의 모습에는 변함이 없다.

인간의 세계는 시간에 매달려 변하지마는 자연의 질서는 영원한 것이다.

대자연의 질서에 한낱 한 인간의 희비와 승패는 너무나 미미한 것이다. 여기에는 강자와 약자가 있을 수 없고 승자와 패자가 있을 수 없는 것이다. 역시 인생은 허무하다고 할 수밖에 없지 않을까?

현대인의 생활은 자연과 멀리 떨어진 도시생활이다. 그러나 여기에도 하나의 세찬 파도는 일고 있다. 그것은 다름 아닌 소위 세파(世波)인 것이다.

그러나 세파는 해운대의 파도와는 전혀 다르다. 해운대의 파도는 대자연의 신비와 위력을 보여주는 대신 세파는 인간생활이 얼마나 거칠고 어려운가를 말하는 것이다.

그러나 그럼에도 불구하고 모든 사람이 넘어서지 아니하면 아니 되는 물결인 것이다. 역시 인간생활은 허무하고도 고된 과정인가……?

가을이 다가옴에 따라 다시 한 번 나 자신을, 나의 자그마한 인생살이를 조용하게 생각해보는 것이다.

(1973. 10. 판례월보)

가을이 오면

    가을이 오면, 나뭇잎이 붉게 물들어오면 나의 마음은 어느덧 슬픔에 젖어들어가는 것을 어찌할 수가 없습니다. 슬픔이라기보다 어슴푸레한 애상(哀傷)과 한(恨) 같은 것이 나의 가슴에 서리어옴을 어찌할 수가 없습니다. 봄날의 파릇파릇한 새싹, 여름날의 검푸른 녹음을 거쳐 나뭇잎이 단풍으로 물들고 바람에 날려 여기저기 흩어질 때 죽은 듯한 적막과 함께 끝없는 애상과 회한이 나의 가슴에 사무쳐오는 것입니다.
    그렇습니다. 봄이 희망의 계절이고, 여름은 열정의 계절이며 그리고 겨울이 낭만의 계절이라면 가을은 적막과 애상의 계절이 아니겠습니까?
    깊숙한 산골짜기의 단풍나무 아래에서 다람쥐의 바스락하는 소리를 들으면서 나는 소스라쳐 대자연의 무한한 적막함을 다시금 느끼게 되며, 망막한 대해의 한복판에서 저 멀리 석양빛을 받으며 어이없이 돌아오는 고깃배와 하염없이 그 위를 나는 갈매기를 바라보면서 나는 그 어부의 가슴에 맺힌 한이 나의 한으로 느껴오는 것을 어찌할 수가 없습니다.

봄날의 휘황하게 피어오르는 벚꽃에 비하여 가을의 국화와 코스모스의 청초한 모습은 그 그윽한 향기와 더불어 다시 한 번 한 많은 자신의 인생을 음미하게 하며, 거기 국화 옆에 코스모스 옆에 서 있는 새하얀 소복을 차린 가냘픈 중년 여인의 모습에서 나는 봄과 여름날의 터질 듯한 가슴을 한 젊은 처녀의 모습 어디에서도 찾아볼 수 없는 성숙한 인생, 온갖 풍상을 겪은 애상과 회한에 찬 동양적 그리고 한국적인 여인상을 볼 수 있는 것입니다.

또한 가을밤은 어느 계절의 밤보다도 적막과 회한이 서리어 있습니다. 독일의 어느 작가가 쓴 밤을 예찬한 글을 읽은 기억이 있습니다만, 밤은 적막한 데 그 위대한 아름다움이 있다 할 것이며 가을밤은 위대한 아름다움인 그 적막 속에 애상이 곁들어 있어 더욱 아름답다고 할 것입니다. 만상이 고이 잠든 가을밤에 문지방 바로 가까이에서 우는 귀뚜라미 소리. 저 멀리 들리는 다듬이질 소리는 가을밤의 적막을 깨뜨리기보다 오히려 그 적막과 함께 남모른 한까지 가슴속으로 더욱 절실하게 접어들게 하여 줍니다.

가을의 하늘은 유달리 높고 푸릅니다. 그러나 그 높고 푸른 하늘은 나의 작은 가슴에 푸른 꿈을 심어주는 대신 오히려 단풍진 허무감을 안겨줍니다. 대자연의 광막하고 무한함을 새로이 느끼게 되어 모래알처럼 작은 나 자신을 다시 한 번 굽어보게 되고 외롭고 괴로운 인생길의 덧없고 허무함을 다시금 가슴 쓰리게 느끼는 것입니다.

　그러나 가을의 적막과 애상은 결코 슬픈 것이 아닙니다. 나의 생활의 아름다움을 자아내는 원천이 되고 있습니다. 나의 자그마한 인생길에 언제나 숙명과도 같이 찾아드는 공허와 허무감이 저 단풍진 가을날의 적막과 애상이 아니고는 메워질 수 없는 것입니다. 나는 그러한 적막과 애상 그리고 회한을 가슴속에 되새기면서 오늘의 그리고 이 해의 공허함을 메워가고 있는 것입니다.

(1976. 10. 8. 전남일보)

낭만의 겨울

 아침 나절에 눈이 제법 내리는 듯하더니 벌써 구름이 씻은 듯이 걷히고 햇빛이 쨍쨍하다. 서운하기 그지없는 일이다. 그 새하얀 눈이 퍼부어 만상을 한번에 뒤덮을 그 광경을 보고 거기에 나의 마음과 몸을 파묻혀보고 싶었던 것이나 허사가 되고 만 것이다.
 다시 또 언제 그 대자연의 장엄한 모습을 볼 수 있을지 안타깝기만 하다. 나는 겨울을 맞이할 때마다 벅차고 순박한 낭만을 느끼면서 이를 가슴 조이게 기다리는 것이다. 몸이 약한 나로서는 신체적으로 추위를 못 견디는 편이지만 그러한 신체적 추위는 겨울날 눈 오는 밤의 낭만에 비하면 아무것도 문제될 것이 없다.
 자연의 다른 모습도 위대하기는 하다. 봄바람이 꽃잎을 휘날릴 때의 아름다움, 이슬비 내리는 여름날 새벽길, 가을날 단풍과 낙엽으로 뒤덮인 언덕진 숲길 등도 다같이 하나의 낭만일 수 있으나 그러나 새하얀 눈으로 뒤덮인 대자연의 모습은 그 장엄함에 있어

타의 추종을 불허하는 것이다.

　한겨울 소리 없이 내리는 눈은 더럽혀진 우리 인간의 세계를 삽시간에 다시 순결무구 그대로 새로운 대자연으로 바뀌는 데 있어 감히 무엇이 이에 견주어질 수 있을 것인가?

　눈 오는 겨울밤 아직 아무도 걷지 않는, 개 발자국조차 보이지 않는 눈에 덮인 골목길을 사랑하는 연인과 나란히 걸으며 못다 한 정담을 속삭일 때 거기에는 시간을 넘어선 영원한 사랑만이, 영원한 낭만이 있을 뿐이다.

　봄철의 정열로 이루어진 사랑이 가을날 낙엽과 함께 차가운 이성으로 싸늘해진다면 그것은 겨울날 훈훈히 내리는 눈송이와 함께 다시 따스한 정으로 결합되어지는 것이 아닐까?

　춘원이 그의 작품 〈유정〉에서 최석과 남정님의 그 낭만적인 사랑을 북극 바이칼 호의 눈보라 치는 숲속을 배경으로 그린 것은 결코 우연한 일은 아니라고 생각되는 것이다.

　나는 겨울날의 낭만을 사랑에서만 느낄 수 있는 것이 아니다. 눈 내리는 적막한 겨울밤에 차가운 하숙방에서 밤늦게 책장을 뒤적일 때 저 멀리서 "찹쌀떡 사려, 찹쌀떡 사려" 하는 어린 소년의 소리가 은은하게 들려오면 나는 그 불쌍한 어린애의 애처로운 목소리에서 한국적인 가난의 설움을 몸서리치게 느끼면서도 또한 거기에서 애틋한 한국적 낭만을 느끼는 것이다. 낭만은 역시 행복의 시에서보다도 비극적인 산문에서 더욱 생생하게 느낄 수 있는 것이 아닐까?

그러한 낭만의 계절, 낭만의 대설경이 언제 다시 펼쳐질 것인지 기다리는 마음 간절한 것이다.

(1974. 12. 7. 전남매일신문)

여유와 향기

　내가 여기 고향땅 군산에 있는 검찰청의 책임자로 온 지도 벌써 1년이 다 되어가고 있다. 별다른 뚜렷한 일을 한 표적도 없이 벌써 1년이 지나간 것이다.
　물론 검찰 사무는 죄를 다루는 것이기 때문에 밖으로 표적이 나타날 수 있는 것은 아니지만…….
　그러나 검찰 사무는 그 사건 관계인에게 중대한 결과를 가져오기 때문에 그 올바른 처리를 위하여는 언제나 세심한 주의와 많은 신경을 쏟지 아니하면 안 된다.
　더욱이 사건 내용은 천태만상, 복잡하기 이를 데 없어 이따금 극도의 피로를 아니 느낄 수 없게 된다.
　그리하여 나는 그동안 그림 몇 폭을 사무실 벽에 걸어 놓고 화분 몇 개를 책상머리 등에 놓고 보면서 삶의 여유와 향기를 찾으려고 노력하여 오고 있다.

그림은 내가 이곳에 오자마자 광주에 사는 고등학교 동기동창 K가 가져다 준 전남 화가 김봉(金峯)의 괴석과 난초, 그 후에 화랑에서 구한 청당(靑堂)의 소폭 장미꽃, 그리고 이 고장 시인 서양화가가 그린 붉게 익은 석류가 그것이다.

그러나 그 중에서 김봉의 괴석과 난초가 언제나 나의 고달픈 마음을 쉬게 하여 주는 것이니 나는 일에 쫓기거나 피로할 때마다 잠시 눈을 돌려 그 이름 없고 허식 없는 돌과 그 사이의 난초, 그 위아래의 말없는 공간을 바라보며 한 가닥 생활의 여유를 찾고 넓이를 느껴보는 것이다.

각박하고 숨찬 이 인생살이에서 잠시나마 떠나 마음의 여유를, 마음의 휴식을 외로이 즐겨보는 것이다.

그러나 그림은 어디까지나 생명 없는 자연, 화초는 생명을 지닌 자연이다. 그 생명 있는 자연은 나의 피르한 하루의 생활에 생명의 힘을 불어넣어 주는 것이다.

문주란과 작은 풍란은 내가 오기 전부터 있었던 것이지만 나는 그 후 인도 버시야를 얻어왔고 다시 종려와 청목을 사왔으며 어제는 자그마한 관운죽을 구해와서 이를 사무실 구석에 혹은 책상 맞은편에 나란히 놓으니 제법 운치가 있어 보였다.

특히 종려는 정성들여 물을 주며 묵은 잎을 잘라내면서 키웠더니 이제 싱싱하고 검푸른 모습이 자기 나름대로 과연 자연의 의연한 모습을 숨김없이 나타내는 듯하였다.

나는 그 화분에서 거침없이 자라나는 푸른 잎과 피어오르는 파란 새 잎에서 힘찬 생명의 고동을 느끼는 것이다.

나는 이따금 일에서 일어나 갑갑한 가슴을 펴고 심호흡을 하면서 그 검푸른 잎 피어오르는 잎사귀에서 새삼스레 삶의 향기를 찾아보곤 한다.

하나님은 인간에게 무한한 아름다움을 제공해주고 있으나 우리 인간은 이것을 제대로 바라보거나 느끼지조차 못하고 살아가는 것이 아닌가 생각된다.

(1980. 10. 노령)

생명의 힘

　미국 닉슨 행정부 법무장관이던 존 미철은 재직 당시 워터게이트 사건에 연루되어 2년 6개월에서 8년까지의 형을 선고받고 작년 7월 초순 이를 복역하기 위하여 앨라버마 주 몬트거메리 연방형무소 정문에 나타났다.
　그는 전과 조금도 다름없이 침착하였으며 운집한 기자들을 헤치고 앞으로 나아가면서 여유 있게 말하였다.
　"오늘은 참 아름다운 날씨군요. 앨라배마 주에 온 것이 적이 기쁘군요."
　죄와 벌이라는 현실의 쓰라린 운명을 눈앞에 놓고 그는 그와 같이 자연의 아름다움을 예찬하였던 것이다.
　그것은 역시 미국이라는 광대한 대륙에서 살아온 그의 대륙적 기질의 소산이었을까, 아니면 권력의 자리에서 물러나 바로 그 예하 밑바닥의 형무소 앞에 다다랐을 때 다시금 솟구치는 권력의 무상함을 돌이켜 말한 것이었을까.

 그러나 그가 그와 같은 처지에서 자연을 예찬한 것은 그보다는 가슴을 가다듬고 멀리 대자연의 웅장한 모습을 불가지(不可知)한 신의 조화로 우러러볼 때 비로소 마음의 여유를 찾고 새로운 힘을 찾을 수 있었기 때문이 아니었을까.

 우리 인간이 아무리 지상의 왕좌에 오르고 자기 우월을 내세운다 하더라도 거기에는 언제나 허무와 무상이 그림자처럼 뒤따르는 것이어서 역시 사람은 자연과 신의 신비를 떠나서는 그 허무와 무상을 초극할 수 없는 것이 아닐까. 자연은 인간 생명의 근원이라 할 것이니 우리가 괴로움에 시달릴 때, 우리가 슬픔 속에 허덕일 때 우리는 대자연의 위력에서 새로운 삶의 여유를 찾고 그 신비 속에서 새로운 생명의 힘을 얻을 수 있는 것이 아닐까.

 저 망막한 푸른 하늘 그 밑에 우거진 검푸른 산과 숲을 멀리 바라볼 때 우리는 거기에서 세상의 무상을 넘어선 새로운 힘을 찾을 수 있지 아니할까.

 니체의 운명애의 사상도 결국 이러한 허무를 초극하는 생명에의 의지에서만 이해될 수 있을 것 같다.

(1978. 9. 20. 동아일보)

반 조각의 아이스크림 바

　우리 나라도 이제 식품 가공업이 눈에 띄게 발전한 것 같다. 그 중에도 특히 현저한 것은 아이스크림으로 생각된다. 몇 년 전까지만 하여도 행상들이 자전거 통에 싣고 다니며 소리쳐 파는 아이스케이크가 고작이었고 제과점에나 가야 과히 입맛 내키지 않는 언제나 똑같은 유의 해맑은 아이스크림이 있었을 뿐이었다.
　내가 약 5년 전에 미국에 간 일이 있는데 그때 미국에서 아이스크림을 사먹으려면 어떤 종류를 원하는지 먼저 말하지 아니하면 아니 되었다. 왜냐하면 아이스크림 종류가 무려 80여 종이나 되기 때문이었다.
　이제 우리 나라도 아이스크림 종류가 제법 많다. 그리고 자꾸만 새로운 유의 아이스크림이 나와 어린 아이들의 입맛을 돋우어내고 있다. 우리집 아이들도 예외가 아니어서 아이스크림이라면 언제나 먹고 싶어 못 견디는 것이다. 특히 나이 여덟 살박이 아들은 편식에다 하루 종일 아이스크림만 찾는 것이다.

  지난 토요일의 일이다. 내가 서울집에 가서 날씨는 무덥고 모처럼 어린 아들딸들을 보고 나서 그들이 좋아하는 아이스크림을 사주었다. 새로 나온 '××바' 아이스크림을 사준 것이다. 아이들 넷에 나와, 일하는 아이까지 각각 하나씩 먹고 났다. 다 먹고 나서 어린 둘째 딸이 열 개라도 먹겠다고 말하고 아들놈은 백 개라도 더 먹겠다고 소리쳤다.

  그러자 시장에 갔던 아내가 돌아왔다. 물론 아내 몫으로 한 개를 남겨놓았었다. 아내는 땀을 닦으며 남겨놓은 아이스크림을 먹고 있었다. 아이들은 엄마가 아이스크림을 먹는 것을 유심히 바라보고 있었다. 얼마든지 더 먹고 싶다는 표정이었다. 나는 그때 아내에게 먹고 있는 반절이나 남은 아이스크림을 아들에게 주라고 말하였다. 나는 어린 아들을 바라보고 나서 무심코 한 말이었다.

  그러나 아내는 갑자기 얼굴 표정이 변하면서 먹고 있는 아이스크림을 아들에게 주라고 할 수 있느냐고 말하는 것이었다. 그런 식으로 애들을 교육시켜 어떻게 하겠냐는 것이었다. 그러고는 눈물을 글썽이면서 먹다 만 아이스크림 바를 티 테이블 위에 놓아버리는 것이었다. 나는 갑작스런 사태에 당황하지 않을 수 없었다. 무심코 한 말이 아내에게 심한 충격을 준 것 같아 미안하게 생각되었다. 나는 어색한 표정으로 그 아이스크림 바를 다시 집어서 아내에게 주려 하였다. 그러나 아내는 받을 생각을 하지 않으면서 훌쩍거리는 것이었다.

나는 아내가 아이스크림을 먹고 있는 것이 결코 미워서 아들에게 주라고 한 것은 아니었다. 사랑은 아내에 대해서나 아들에 대해서나 마찬가지일 것이다. 그리고 내가 아들딸을 사랑하는 이상으로 아내도 아들딸을 사랑한다고 확신한다. 그러나 아이들에게 대한 나의 본능적인 애정이 나도 모르게 그와 같은 말을 하게 된 것이다.

그러나 아들딸들은 과연 (나 자신을 포함하여) 부모의 애정의 몇천 분의 일이나 이해할 수 있을까. 하여튼 나는 몇 번이나 권하여 아내에게 나머지 아이스크림을 먹게 하였지만, 역시 가정 그리고 사회를 움직이고 결합시키는 것은 무엇보다도 사랑이라는 것을 다시 한 번 가슴 아프게 느꼈던 것이다.

아이스크림은 차디찬 것이었지만 그 반 조각의 아이스크림 바 속에 담긴 마음은 너무나 뜨거운 것이었다.

(1975. 8. 8. 전남일보)

미소의 철학

　살인자, 그리고 그 추격자. 여기에 웃음이 있을 수 없다는 것은 인간의 정의심리면에서 보아 명백한 일이다. 여기에는 오직 숨가쁜 긴장만이 감돌 것이라는 것은 쉽게 짐작할 수 있는 것이다. 살인자 아닌 다른 절도·상해 등 평범한 죄명의 피의자 등과 이들을 대하는 평범한 검사인 나에게 있어서도 사정은 조금도 다를 것이 없다.
　웃음은 인간의 모든 심리를 종합적으로 나타내는 표정이다. 언어는 인간의 사고작용을 거친 의사의 표현이어서 때때로 위선이 많으나, 표정은 인간의 모든 정의(情意)를 본능적으로 표현하는 것이기 때문에 언제나 솔직하다. 따라서 말과 표정이 다를 경우, 우리는 통상 표정을 더 믿게 되는 이유가 바로 여기에 있는 것이다. 웃음은 바로 그러한 표정의 하나의 형태이다.
　그리하여 사람의 표정이 가지가지듯이 웃음에는 가지가지의 형태가 있다. 즉흥적 쾌감에서 일어나는 너털웃음이 있는가 하면 반가움에서 나오는 가벼운 미소가 있고 늠녀간의 애정인 윙크가 있다. 상대방을 얕보는 비웃음이 있는가 하면 쓰라린 체험에서 나오는 쓴웃음이 있다. 그러나 그 중에서도 미소는 인간의 일상적 환희 감정을 가볍게 표현하는 점에서 웃음의 전형이라고 아니할 수 없다. 내가 여기서 말하는 웃음은 바로 그러한 미소를 뜻하는 것이다.

웃음은, 특히 미소는 인간의 하나의 표정인 이상 언어에 대신하는 혹은 언어와 병행하는 대화의 형식이라고 할 수 있다. 어느 경우에는 언어보다 뜻 있는 대화이기도 한 것이다. 그것은 이미 말한 바와 같이 웃음은 언어보다 숨김 없는 마음의 표현이기 때문이다. 그러나 웃음은 대화이기 때문에 언제나 상대방이 있는 사회적인 행위양식이나 그와 반대의 감정이라그 할 눈물의 경우에는 혼자서만의 외로운 독백인 것이다.

웃음은 숨김 없는 대화형식이기 때문에 개방된 사회일수록 웃음이 많고 폐쇄된 사회에서는 웃음을 찾아보기 힘들다. 개방사회에서는 솔직한 대화가 이루어지나 폐쇄된 사회에서는 무거운 침묵만이 억누르기 때문이다. 미국에 가면 전혀 안면조차 없는 어여쁜 아가씨가 지나가면서 "하이!" 하고 가벼운 미소를 지을 때 이를 그녀의 애정의 윙크로 착각해서는 큰 변을 당할 것이다. 닉슨의 웃는 사진은 얼마든지 볼 수 있어도 브레즈네프의 웃는 사진은 여태껏 별로 본 일이 없다.

세상은 원래 웃고만 살 수는 없다. 원죄를 짊어진 인간의 역사는 예나 지금이나 가시밭길이기 때문에 물론 누구나 미소만 짓고 살아갈 수는 없는 것이다. 만약 웃음이 있다면 쓰디쓴 웃음이 있다고나 할까?

그러나 인간의 길이 아무리 고되고 현실이 아무리 쓰라리다 하더라도 이왕에 살아가는 세상길이라면 미소를 지으면서 살아가는 것이 어떨까? "웃으면 세상은 그대와 함께 웃을 것이며 울면 세상은 그대와 함께 울 것이다"라는 말이 있다.

그러나 미소는 역시 사람의 성격과 직업 등에 밀접한 관계가 있는 것 같다. 쾌활하지 못한 나의 성격이나 인생의 그늘 속 범인만을 다루는 나의 직업사회에서는 웃음이 그리 흔한 것이 아니다. 그러나 나는 그러한 나의 여건에도 불구하고 가능만 하다면 웃어가면서 이 거친 인생길을 걸어가고 싶은 것이다.

(1973. 11. 5. 중앙일보)

넥타이

 넥타이가 원래 언제 어디서 유래하였는지 나는 모른다. 그러나 현대에 있어서 넥타이는 동서양을 막론하고 남성 의복의 필수적인 요소로 되었다. 그것은 입고 있는 의복의 전체적 조화를 이루는 점에서 하나의 장식적 가치를 가질 뿐만 아니라 외관의 품위를 유지시키는 점에서 그 사람의 인격적 가치까지 이루고 있기 때문이다.
 넥타이는 남자라면 어느 누구나 매는 것이 아니고 소위 신사라는 칭호를 듣는 사람들이 신사도를 지키면서 사회생활을 하는 표적인 것 같다. 따라서 어떤 예의나 의식, 그리고 근엄성을 지켜야 할 때는 반드시 넥타이를 매게 되고 그러한 것을 무시해도 좋을 경우는 매지 않아도 무방한 것이다.
 외교관은 언제나 넥타이를 매고 나서야 하고 노동자가 일하면서 넥타이를 맬 필요가 없는 것은 바로 그와 같은 이유 때문일 것이다.

  넥타이는 그 길이와 폭, 그리고 그 빛깔에 따라 그 사람의 모습과 품위를 크게 다르게 하는 경우가 적지 않다.

  그리하여 넥타이는 유행에 따라 다르고 그때그때의 유행에 맞추어 이를 매지 않으면 우스꽝스러운 꼴이 되는 것이며 그 빛깔도 그 사람의 연령 · 성격 · 직업 · 의복 등에 맞추어 매야 그 가치가 발휘되는 것이다.

  그와 같은 넥타이의 본성 때문에 누구나 넥타이를 매게 되면 그는 넥타이와 함께 대중과 전체 속에 파묻혀 그 규범을 엄격히 지켜야 하며 따라서 그의 사고와 행동은 자연 전체적, 그리고 계층적 질서 속에서 움직이게 되는 것이다.

  내게 있어서 넥타이를 고르는 일은 지극히 어려운 일 중의 하나다.

  백화점 점포걸이에 걸려 있는 그 무수한 넥타이 중에서 어느 것을 고를 것이냐 하는 것은 마치 가지가지의 인생길 중에서 어느 길을 택할 것이냐 하는 것만큼이나 마음이 복잡해진다. 왜냐하면 그 모양과 빛깔이 대개 그것이 그것! 거의 비슷한 것처럼 보이기 때문이다.

  그뿐만 아니라 이 같은 속성 때문에 넥타이는 때로는 사회생활에 있어서 하나의 중대한 구속이 되는 경우가 있다.

  넥타이가 목에 매어져 목을 감고 있는 것처럼 넥타이는 사람의 자유스런 사고와 행동을 제약 · 억압하는 수가 많을 것이다. 뭇 사회인들과 하나가 되어 그 질서에 따라 살아가야 하기 때문에 자기의 생각, 자기의 주장은 내세워질 수 없고 자기가 원하는 행동이라고 하여 함부로 할 수 없게 된다.

 이처럼 넥타이가 매는 사람을 구속하기 때문에 나는 넥타이가 원망스럽고 넥타이를 매는 것조차 몹시 귀찮게 느껴지는 경우가 한두 번이 아니다.

 인생의 길은 길다면 길지만 짧다면 극히 짧은 것이다. 한 번 가면 다시 돌아오지 않는 일회적인 인생의 길에 넥타이를 목에 꽉 매고 그 부자유스런 사회생활을 하는 것이 때때로 거추장스러운 것이다.

 넥타이를 매지 않는 나 스스로 생각하고 나 자신을 발견·창조하는 생활이 그리운 것이다. 넥타이 없는 잠바 바람의 인생! 그것은 얼마나 발랄하고 낭만적이고 또한 아름다운 것인가?

(1973. 10. 8. 중앙일보)

이별의 한(恨)

 육중한 여러 개의 바퀴가 동시에 천천히 움직이기 시작한다. 그리고 검은 연기가 먹구름처럼 하늘에 치솟는 것이다. 그에 따라 또한 기적소리가 요란하게 귓전을 때리며 마을 뒷산으로 울려퍼지는 것이다. 동네의 한 청년은 지금 막 이 마을 정거장을 떠나가는 기차의 발판에 멀거니 서서 누구에겐가 손을 흔들어 보이고 있다. 흰 무명치마 저고리를 입은 늙은 아낙네는 부어오른 눈을 자꾸만 손수건으로 닦아내고 있고 그의 남편으로 보이는 한 노년 남자는 오히려 기차와 반대 방면의 먼산을 멍하니 바라보고 있는 것이다.
 그러는 동안 기차는 어느덧 흰 연기를 가볍게 뒤로 뿜어내면서 저 멀리 어른거리는 아지랑이 사이로 보일 듯 말 듯 사라져가는 것이다.
 이것이 내가 어렸을 때 시골에서 자라며 보고 느낀 이별의 한 장면이다. 그것은 사랑하는 아들이 징용에 끌려 언제 돌아올지 모르는 노정에 올랐을 때의 이별의 슬픈 광경인 것이다.

그러나 그러한 이별의 슬픔은 진정 사랑하는 남녀가 불가피하게 이별하는 경우에는 너무나 마땅한 것이거니와 사랑하는 아들이 징용 아닌 한양 유학의 길을 떠난 경우에도, 그리고 사랑하는 남편이 업무차 일시 출장을 가는 경우에까지도 우리는 축복 아닌 이별의 슬픔을 느껴왔던 것이다. 이별은 그 이유야 어쨌든 서로 헤어진다는 것 자체만으로도 언제나 우리의 가슴에 슬픔과 괴로움을 안겨주었던 것이다.

그와 같이 이별이 이별 자체로서 우리에게 슬픔을 주어온 것은 역사적으로 볼 때 그것이 공간적 거리의 관념이었기 때문이 아니었을까? 현해탄을 건너 징용에 간 아들의 소식은 생사가 불분명하였고 한양 천리 길에 오른 남편의 소식도 알아볼 길이 없었던 것이다. 그저 머나먼 거리를 사이에 둔 이별의 한만이 안겨져 있었던 것이다.

그러나 이별은 진정 슬프고 괴롭기만 한 것인가? 지금 이 시기에 있어서는 사랑하는 아들딸들이 석학의 꿈을 안고 수만 리 이역의 길에 오르기가 예사이고 혹은 같이 일해온 친구는 그 가족과 함께 새로운 인생의 포부를 가지고 줄을 지어 해외 이민을 떠나가고 있는 것이다. 또한 같이 일해온 선배 동료는 영전의 영광을 안고 자꾸만 타처로 전근하고 있고 심지어 사랑하던 연인도 다시 인생의 새 출발을 다짐하면서 새로운 사랑을 찾아가고 있는 것이다.

그것은 다같이 이별임에 틀림없으나 우리는 여기서 이별의 슬픔과 괴로움을 가지기보다 오히려 그들의 새로운 출발에 축복을 하여야 하지 않을까?

그러기 때문에 요즈음은 이별의 장면에서 눈물의 손수건 대신에 손뼉소리가 요란하게 울리는 것이 아닐까?

더욱이 이별은 이를 내용적으로 볼 때 공간적 거리의 관계가 아니라 정신적 간격의 관계가 아닐까? 아무리 같이 생활하는 부모 자녀 사이거나 부부 사이 혹은 친구 동료 간이라 하더라도 그 사이에 항상 불화와 반목만이 되풀이된다면 그것은 이미 이별이나 마찬가지일 것이며 반대로 수만 리 떨어진 그들 사이에도 그 사이에 뜨거운 사랑과 정이 그리고 변함없는 의리가 계속된다면 그것은 이별이 아닌 의연한 공동의 생활이라고 말할 수 있지 않을까? 세계는 바야흐로 놀라운 기계문명의 덕택으로 거리의 관념은 완전히 무시되어도 좋은 것이다.

그러나 그럼에도 불구하고 이별은 역시 슬프고 괴로운 것이 아닐까? 공간적 거리의 간격은 역시 마음의 간격을 가져오는 것이 아닐까? 〈시지프의 신화〉에서와 같이 무거운 바윗덩어리를 힘겹게 올려가는 이 험준한 인생길에서 사랑과 정을 빼앗기고 의리를 잃어버리게 될 때 혼자서 외로이 그렇게도 무거운 짐을 올려가지 않으면 아니될 때 어찌 슬프고 괴롭지 아니할 수 있으랴?

그러나 만나는 것이 인간의 운명이라면 헤어지는 것도 역시 인간의 운명일 것이다. 그렇다면 자기만이 외롭게 남은 그 처지에서

주어진 이 운명에 어떻게 슬기롭게 복종하여 나아갈 것인가, 새로운 생활관계를 어떻게 다시 창조해가느냐 하는 것만이 이제는 각자가 혼자서 풀어야 할 숙제로 남게 되는 것이 아닐까?

(1976. 3. 17. 전남매일신문)

2
약육강식

논리와 생리

샌프란시스코는 미국의 가장 아름다운 도시의 하나이다. 서쪽으로는 광막한 태평양이 연해 있고, 동쪽으로는 유명한 골든게이트 부릿지가 있으며 남쪽 버클리 도시와 사이에 커다란 만(灣)을 끼고 배이부릿지가 가로질러 있다.

나는 그 샌프란시스코와 배이부릿지 하나를 사이에 둔 버클리에서 1년간 지낸 바 있다. 역시 버클리도 아름다운 도시이다. 버클리 캘리포니아 주립대학이 그 도시의 대부분을 차지하다시피 하고 있는데 그 대학 캠퍼스는 화원처럼 아름답게 꾸며져 있는 것이다.

더욱이 캠퍼스 바로 앞 탤리그래프 거리는 소위 히피의 발생지로 유명하여 히피족의 잡다한 모습들이 캠퍼스 내외를 누비고 다니는 것이어서 버클리 도시는 자연의 아름다움 속에서 인간 본연의 자유가 만발하는 생동하는 예술이라 할 수 있는 것이다.

그뿐만 아니라 샌프란시스코, 그리고 버클리의 아름다움은 한때

한 계절의 아름다움에 그치는 것이 아니라 1년 내내 변함없이 계속되는 데 그 극치를 이루는 것이다.

1970년 정월초 내가 버클리에 다다랐을 때 얼마 동안 우기가 계속되더니 그 후 달이 바뀌고 절후가 바뀌어도 그곳 기후와 날씨는 언제나 따뜻한 봄날의 연속이었다.

봄과 여름, 가을과 겨울의 구별 없이 사시사철 새빨간 장미꽃, 샛노란 개나리꽃들이 온갖 이름 모를 꽃들과 어울려 언제나 만발해 있는 것이었다. 그러나 나는 그곳에 머무르는 동안 그러한 아름다움에도 불구하고 그 변함없는 날씨에 어쩐지 싫증을 느끼기 시작하였다. 그저 별로 이유 없는 지루함이었다. 굳이 생각해보면 여름날의 따가운 햇빛에서의 우거진 숲과 그늘, 가을날의 단풍진 낙엽과 함께 뒹구는 애상(哀傷), 겨울날의 휘몰아치는 눈보라와 낭만에 대한 가느다란 미련과 그리움 같은 것이었다.

아니 그것뿐이 아니라 봄이 가면 여름이 오고 여름이 가면 가을, 가을이 가면 겨울이 다가오는 그러한 사계의 변화에 대한 갈망이었다.

평범한 이성으로 따져보면 그와 같이 따스한 날씨에 아름다운 주변환경을 추호도 탓할 것이 없겠으나 사람의 감정은 또한 그 아름다움에 변화까지를 추구하는 것이었다.

사람은 이성적·논리적 존재임과 아울러 감정적·생리적 존재여서 그가 추구하는 가치 내용도 또한 이론적인 것뿐만 아니라 생리적인 것도 크다는 것을 다시금 새삼스럽게 느꼈던 것이다.

(1975. 2. 8, 전남매일신문)

가짜와 신의(信義)

가짜의 뜻이, 내용이 거짓이면서도 형식에 있어 참된 것과 같은 외형을 갖춘 것이라면 두 가지 면에서 비난을 받지 않을 수 없다. 거짓에 대한 비난과 그 거짓을 참된 것으로 꾸미려 한 속임수에 대한 비난인 것이다. 따라서 가짜는 사람의 성실성과 사회의 신의를 파괴하는 것을 그 본질로 하고 있다.

현대에 있어서 개방된, 그리고 대중·대량의 도시사회에 있어서 모든 사회관계가 순간적으로 형식적 외형만에 의하여 이루어지기 때문에 인간의 본성은 차츰 내용과는 거리가 먼 그럴 듯한 외형만을 내세워 접근하려 든다. 여기에 과장과 거짓이 움틀 소지가 있고 여기에 선전이 그 위력을 나타내는 계기가 있다.

그러나 그것은 어디까지나 인간의 양식과 사회윤리와 법질서의 범위 내에서 이루어져야 할 것이며 그 범위를 넘어설 때 우리는 그 무엇이나 인간이든 인간의 행위이든 인간의 제품(상품)이든 모두 가짜라는 딱지를 붙이지 않을 수 없다. 요즘 우리 사회는 그러한 범위의 문제에서 벗어나 전혀 내용 없는 껍질만 가지고 사람을 속여 금품을 편취하는 일반 사기범은 말할 것도 없고 사람의 생명과 신체에 직접 관련이 있는 식품·약품에 있어서도 가짜가 판을 치고 있다.

참으로 식품과 약품의 가짜는 이미 말한 거짓과 속임수 외에 사람의 생명을 앗아가고 신체의 기능을 해롭게 하는 것이니 다시 한번 그 악질성을 탓하지 않을 수 없다.

가짜는 인간의 양식과 사회의 신의를 파괴하는 의미에서 숱한 범죄 중에서도 가장 타기하여야 할 성질의 것이다. 그러나 또한 인간의 양식과 신의가 타락된 곳에 가짜가 횡행한다는 것도 주의할 필요가 있다.

따라서 이에 우리는 가짜의 악질성을 탓함과 아울러 우리 사회에 있어 보다 높은 인간 양식의 고양과 사회 내지 경제윤리의 확립을 기대하는 마음 간절한 것이다.

(1969. 6. 18. 중앙일보)

소탐대실(小貪大失)

　소탐대실이라는 말이 있다. 작은 것을 탐하다가 큰 것을 잃는다는 말이다. 우리 인간은 자주 소탐대실의 우(愚)를 범하는 일이 많다.
　인간 본연의 생태에서 보아도 소탐대실하게 되어 있는 것 같다. 우리의 눈은 가까운 곳만 볼 수 있고 먼데까지 볼 수 없으며 우리의 손발도 뻗칠 수 있는 한계가 있다. 따라서 우리는 우선 우리가 보고 우리의 손발이 미치는 범위 내의 것을 탐하게 마련이며 그러다가 결국 먼데 있는 큰 것을 놓치게 될 것이기 때문이다.
　그러나 작은 것은 무엇이고 큰 것은 무엇인가의 문제가 남아 있다. 물론 그것이 물질적인 것의 경우에는 그 경제적 가치에 따라 그 대소가 결정될 것이지만 그것이 비물질적인 것인 경우에는 문제가 있다. 경제적 이해(利害)에 좇아 친구와의 의리를 저버리거나 일시의 영예에 혹하여 자신의 신념과 지조를 저버리는 경우가 그런 예가 아닐까.

 그러나 혹자는 작든 크든 아예 외부의 것에 탐하지 말라고 충고한다. 외부의 것을 탐하는 데 우리의 괴로움이 있는 것이니 이를 피하여 내적 자기 충족을 기하라는 것이다. 일종의 종교적 설교인 것이다.

 그러나 우리 범인(凡人)은 통상 외부의 것, 외부의 가치를 탐하면서 이를 추구하는 것이 우리 본래의 생리이며 생활이라고 아니할 수 없다.

 다만 그 외부의 가치를 추구하는 마당에 있어서 그 가치의 대소를 제대로 판별하고 소탐대실의 우를 범하지 않도록 노력하여야 할 것이 보다 중요하다고 생각되는 것이다. 찰나적 이익을 떠나서 영속적 가치를 추구하여야 할 것이다.

 그것은 바로 거시적(巨視的)으로 인생을 바라보고 거시적으로 사물을 판단하여 살아가는 것이다. 그러나 그것이 범인으로서 지극히 어려운 것임은 말할 필요도 없다. 그럼에도 불구하고 우리는 그와 같이 의연히 노력하는 과정에서 삶의 아름다움과 보람을 찾아야 하지 않을까.

(1978. 9. 25. 동아일보)

약육강식(弱肉强食)

약육강식이란 누구나 다 아는 바와 같이 강자가 약자를 잡아먹어 그 생존을 유지하는 것을 뜻한다.

그리하여 영어로는 이를 Jungle's Rule이라고 하거니와 그것은 정글, 즉 원시림에서는 강한 야수는 약한 야수를 잡아먹고, 약한 야수는 다시 그보다 더 작고 약한 생물을 먹이로 하여 살아가고 있기 때문이다.

그러나 인간은 야수와는 다른 특이한 존재이다. 밑으로는 비속한 야수성을 그대로 간직하고 있으나 다른 면으로는 위를 지향하여 신을 우러러보며 몸부림치고 있는 것이다. 파스칼은 이러한 인간의 본질을 위치적으로 보아 신과 동물과의 중간자라고 하고 본성적(本性的)으로 보아 천사와 악마의 이중적 존재라고 말한 것이다.

그러나 인간의 이러한 본성은 생존의 주변 상황 특히 의식 상황에 따라 크게 좌우된다 할 것이며 온갖 가치의 무가치화 혹은 혼돈의 상황에서는 인간은 자신의 유지 발전을 위하여 모든 방법을 가리지 않게 될 것이다. 그렇게 될 때 인간의 동물성 내지 악마성이 그 위력을 발휘하게 될 것은 당연한 결과일 것이며 그러한 인간사회는 결국 약육강식의 결전장이 될 것은 쉽게 짐작할 수 있는 일인 것이다.

여기에서는 힘은, 즉 정의(正義)라는 공식이 성립하게 되고 약자는 강자에 눌려 발붙일 땅을 찾을 길이 없게 되는 것이다. 물론 약육강식의 법칙에 대한 구제의 원리로서 억강부약(抑强扶弱)이라는 정의의 지표가 있기는 하다. 그러나 온갖 가치의 무가치화 내지 혼돈의 상황에서 그것이 얼마만큼의 의미를 가지게 될 것인가는 물을 필요도 없을 것이다.

그러한 원시림에서 우리가 벗어나는 길은 어떠한 것이 있을까. 그것은 우리의 의식세계를 우리 인간 본연의 모습으로 지향추구하는 바 가치의 세계로 이끌어가는 것이 아닐까. 그리고 그 가치는 무엇보다도 먼저 하나님의 사랑과 관용 같은 이기적 차원을 넘어선 사랑과 관용이 아닐까. 특히 강자의 약자에 대한 그와 같은 사랑과 관용이 아닐까.

(1978. 9. 6, 동아일보)

변절(變節)

  우리 나라에서는 예로부터 남자의 지조, 여자의 절개가 인간사회의 중요한 가치의 하나로 생각되어 왔다. 그것은 봉건사회에 있어서는 남자는 한 임금을 섬기고 여자는 한 남편을 받드는 것을 뜻하는 것이었다.
  우리 나라 조선 초기의 사육신(死六臣)의 역사는 바로 위와 같은 규범을 좇은 전형이라 할 것이다.
  그러나 현대사회에 있어서 그것은 남자에 있어서는 정치적·종교적 혹은 예술적 이념 등 자신의 이념을 주변사정의 변화에도 불구하고 그대로 고수하는 것을 뜻하는 것으로 생각된다. 따라서 봉건시대에 있어서 지조는 다분히 의리에 얽매인 감상적 성격을 지닌 반면 현대에 있어서의 그것은 신념에 근거한 의지적 성격을 띠고 있는 데 그 차이가 있는 것 같다.
  그러나 지조는 그러한 시대적 성격의 차이에도 불구하고 그것이 인간 간의 의리나 자기 신념에 기초한 이상, 현재에 있어서도 그것은 의연히 그 가치를 인정하고 이를 존중하여야 할 도덕적 규범인 것은 틀림없다. 그리고 그것은 또한 양(洋)의 동서(東西)에도 차이가 없는 것이다.

그러나 현실을 살펴보면 일부 사람들이 언제나 시리(時利)에 편승하여 소위 지조를 헌신짝처럼 버리고 항상 현재의 세력을 좇고 있는 것을 볼 수 있는 것이다. 지극히 한심한 일이 아닐 수 없다.

그들은 물론, 자신을 합리화하는 논리를 준비하고 있다. 혹은 애국이라는 대의를, 혹은 현실비판보다 현실참여라는 명분을 내세우는 것이다. 마치 자기들만이 역사창조에 관여할 수 있는 것처럼.

그러나 그러한 변절은 무엇보다도 인간의 기본적인 도덕률을 저버린 것이라는 점에서 인간적으로는 물론, 그 권력사회의 테두리 안에서도 버림받아야 마땅할 것이다.

(1980. 4. 29. 전북신문)

색안경을 벗자

요즈음 많은 사람들은 색안경을 쓰고 다니기를 좋아한다. 특히 젊은 남녀들이 그렇다. 색안경은 그 안경 빛에 따라 주위 세상이 그와 똑같은 빛깔로 보인다. 파란 빛 색안경을 끼면 주위 만물이 파란 빛으로 보이고 빨간 빛이나 검정빛 색안경을 끼면 주위 만물이 또한 그와 동일한 빛으로 물들어 보이는 것은 너무나도 빤한 사실이다. 따라서 각자 그 취미에 따라 안경 빛깔을 선택하는 것이다. 그뿐만 아니라 색안경은 여름날의 뜨거운 햇볕과 자외선으로부터 시력을 보호하는 역할을 한다고 하니, 색안경 끼는 참뜻은 바로 여기에 있다고 느껴진다. 확실히 일석이조(一石二鳥)의 뜻을 가졌다고 할 것이다.

그러나 세상이 어지러워짐에 따라 눈에 색안경이 아니라 마음에 색안경을 끼고 다니는 사람이 또한 많은 것이다. 상대방이 마음 그대로 솔직하게 말을 하여도 이를 그대로 믿으려 하지 않고, 생각 그대로 솔직하게 행동하여도 또한 이를 그대로 받아들이려 하지 않는다.

뿐만 아니라 마음의 색안경을 쓴 사람은 눈만이 아니라 자기 전부를 보호하기 위하여 마음 그대로 표시하지 않고 생각 그대로 행하지 않는 것이다. 따라서 개인은 상대방 개인을 믿으려 하지 않고, 국민은 정부를 불신하려 하며, 윗사람은 아랫사람을 의심하는 경향이 있는 것이다. 바야흐로 사람들은 요즈음 흔한 말로 정치적으로 되어가는 것이다. 모든 일을 서로 상대방 마음을 알 수 없는 애매한 입장에서 흥정하는 식으로 해결하려 드는 것이다.

이러한 현상은 물론 사회가 개방되고 복잡화함에 따라 많은 사람을 상대하여 그 많은 사람들을 그대로 믿고 또한 자신을 그대로 나타낸다는 것은 어려운 일이기 때문이다. 그러나 그 근본적 원인은 사회 신의(信義)가 땅에 떨어질 대로 떨어진 데 있는 것이 아닐까? 참으로 눈 감으면 코 베어갈 세상에 함부로 서로 믿고 지나기란 극히 힘든 일일 것이기 때문이다.

이에 대하여 우리는 무엇보다도 먼저 개인 각자가 성실과 아량을 갖는 것이 시급하다 할 것이다. 개인 하나하나가 자기가 마음먹은 바는 허식 없이 나타내고 말로 표시한 바는 어김없이 실행하는 성실함이 있어야 하며 남의 언행을 그대로 믿고 받아들이는 아량이 있어야 한다. 피차가 먼저 마음의 색안경을 벗는 것이 필요한 것이다.

여기에서 비로소 사회 신의는 회복되고 정직하고 건실한 사회가 이루어질 것이다.

　누구든지 눈의 색안경은 얼마든지 써도 좋으나 마음의 색안경은 서로 벗기로 하였으면 하는 마음 간절하다.

(1967. 8. 법정)

교만과 겸허

인간은 유한한 존재이다. 절대자인 하나님에 대하여 인간의 생명은 순간적이고 그 능력은 극히 제한적이다. 사람이 스스로 아무리 위대한 존재라고 과시할지라도 그의 죽음은 코앞에 있고 그의 능력은 한치 앞을 내다보지 못한다.

여기에서 우리 인간이 교만을 버리고 겸허하여야 할 이유가 있는 것이 아닐까?

그러나 우리 인간은 헛된 자기 망상과 자기 도취에 빠져 교만한 자세를 버리지 못하는 것이 아닐까?

그리하여 성서에는 마태복음 7장에 "어찌하여 형제의 눈 속에 있는 티는 보고 네 눈 속에 있는 들보는 깨닫지 못하느냐" 하였고, 누가복음 14장에 "무릇 자기를 높이는 자는 낮아지고 자기를 낮추는 자는 높아지리라"라고 하였다.

그러나 세상은 오히려 교만이 판을 치고 있는 것이 아닌가? 요즘 우리 사회를 볼 때 권력을 쥔 자는 이를 온갖 면에 휘둘러 남용하고 있고 돈을 가진 자는 사치와 향락에 극하여 최상의 자기과시를 하고 있는 것 같다. 관직을 가진 자도 자기 도취에 빠져 헛된 위세를 부리는 것이다. 너무나 한심스러운 현상이라 할 것이다. 여기에 우리 사회 불안의 근원적 병인이 있는 것이 아닐까?

정치의 장에서도 마찬가지다. 모든 정치인이 자기 교만에 빠져 토의와 타협을 팽개치고 집권당은 다수의 독재에 흐르고 야당 또한 소수의 횡포에 빠지는 것이 아닌가 생각된다.

그러나 이제 우리는 허심탄회하게 자신의 위치와 자세를 다시 한 번 살펴보고 교만에서 벗어나 겸허한 자세를 갖추지 아니하면 아니 될 것 같다.

조용히 자신의 존재를 성찰할 때 우리는 헛된 자기 망상에서 벗어나 모름지기 자기 눈 속에 있는 들보를 깨닫게 될 것이다.

그러할 때 우리의 사회와 정치는 보다 건전해질 것이다. 사회는 온갖 무질서와 위화감이 사라지고 진정한 사랑과 평화가 이룩될 것이며 또한 정치는 극한 대립에서 벗어나 관용과 타협의 원리가 지배되어 참다운 민주정치가 이루어지게 될 것이라고 믿어지는 것이다.

(1988. 6. 노령)

더치 페이

　얼마 전의 일이다. 서울에서 아침 새마을호 기차를 타고 광주(光州)에 내려가는데 기차 안에서 전에 중진 판사를 하다가 그만둔 S씨를 만났다. S씨는 판사직을 그만둔 후 미국으로 이민갔다는 말을 들었는데 몇 년이 지난 지금 기차 안에서 만난 것이다. 머리를 텁수룩하게 기르고 수염을 기른 품이 확실히 미국에서 갓 나온 모습이었다.
　나는 점심때가 되어 같이 탄 직장의 상관·동료들과 차내 식당에서 식사를 같이하게 되었는데 물론 S씨도 자리를 같이하였다. S씨는 나의 상관들과 마주앉고 나는 다른 식탁에서 동료들과 같이 앉았다.
　식사가 끝나고 커피까지 주문되어 와서 나는 이를 계산하러 카운터로 갔더니 식당 종업원은 S씨는 별도로 미리 자기 몫을 계산했다고 말하였다. 그래서 나는 오히려 예상액보다 적은 돈을 지불

하였지만 어쩐지 이상한 느낌이 들었다. 다같이 식사를 하면서 어떻게 자기 몫만 가려 계산했는지 의아스러웠다.

물론 미국 등 서양사회에서는 더치 페이라는 것이 하나의 자연스런 생활양식인 것은 누구나 다 아는 일이다. 그러나 그 생활양식은 그 생활환경이 달라질 경우, 그 다른 생활환경의 것에 따르는 것이 인간의 본성과 예의가 아닐까. 때문에 우리 한국인이 미국 사회에 가면 그러한 더치 페이도 자연스럽게 이루어지고 더치 페이 속에 젖어온 미국인이라 하더라도 우리 나라에서는 같이 간 친구 혹은 동료의 식사대 등을 도맡아 지불하려는 것을 흔히 볼 수 있는 것이다.

그러나 그럼에도 불구하고 우리 나라 사람이 우리 나라 안에서 우리 나라 사람과 함께 식사를 하고 나서 다만 얼마 동안 외국에 있었다는 이유만으로 천연스럽게 더치 페이를 하고 있는 것은 이러한 인간 본성과 예의에 어긋나는 것이 아닐까.

더욱이 나는 더치 페이라는 생활양식이 그렇게 훌륭한 것으로 생각되지 않는다. 각자가 자기가 먹은 음식대를 각각 지불한다는 것은 일단 논리적·산술적으로는 당연한 것같이 생각된다. 그러나 인간생활은 그러한 개인주의적 논리와 산술만으로 이루어지는 것은 아니다. 적어도 인간의 '사회적'인 생활은 그러한 논리와 산술 이외에 대타적(對他的)인 이해와 협동의 원리가 뒷받침되고 있으며 더치 페이는 그러한 이해와 협동의 원리에 반(反)하는 생활양식이 아닐까.

(1977. 3. 9. 동아일보)

가치체계의 확립

 모든 민족은 그 민족 특유의 신화와 전설을 가지고 있고 그 민족 특유의 정신적·윤리적 가치체계를 가지고 있어 그 민족 각 개인은 그에 따라서 자기 삶의 가치를 추구해간다. 예를 들면 앵글로색슨족은 소위 젠틀맨십, 즉 신사도라는 것이 있어 그들의 정신생활의 지표가 되고 있다.

 그 내용은 약자 보호와 용기, 그리고 명예를 생명으로 한다. 약자 보호의 실제면은 여자 우대에서, 용기는 그들의 온갖 탐험과 모험에서, 명예는 자기 모욕을 당한 경우, 결투 등에서 이를 충분히 엿볼 수 있다. 영국과 미국의 민주주의 기틀은 이러한 정신적 기초에 있다는 것이다.

 그러나 우리 나라에는 그러한 위대한 신화와 정신적 가치체계가 없다. 과거 유교의 행동규범은 비시대적이라는 이유로 완전히 배척되고 그렇다고 이에 대신할 하등 새로운 가치체계도 없다. 따라서 무엇이 참다운 삶의 가치인지 무엇어 따라 자기 삶을 형성해가야 할 것인지 적이 막연한 상태에 있다. 가치체계의 무정부상태라고나 할까?

그러나 역시 우리의 역사도 언제나 어떤 이상을 전제로 하여야 하며 그 이상은 우리 국민의 신화와 가치체계에 나타나지 않으면 안 된다. 이에 우리도 빛나는 역사를 창조하기 위하여는 먼저 위대한 국민적 신화와 참다운 가치체계의 확립이 무엇보다도 긴급한 것이다.

(1968. 12. 9, 법률신문)

바벨탑

　구약성서 창세기 11장에 바벨탑의 이야기가 있다. 니모롯은 벽돌로 성과 대를 쌓아 대 꼭대기를 하늘에 닿게 하여 자기 이름을 낸다고 하고, 여호와께서 인간들의 쌓은 성과 대를 보시려고 강림, 그들을 온 지면에 흩으시어 성쌓기를 그치게 하였으니 그 이름을 바벨이라 하였다고 되어 있다.

　이 바벨탑 이야기는 연약하고 부족한 인간이 감히 하나님께 맞서기 위하여, 그리고 인간 자신의 교만을 나타내기 위하여 그와 같은 성과 대를 쌓았으나 그것은 곧바로 무너지게 되어 절대의 하나님 앞에서의 인간의 무력함을 기록한 것으로 설명되고 있다.

　지금 세계는 인간의 능력에 따른 과학만능의 사상이 넘쳐흘러 사람들은 만사가 전부 인간의 능력과 과학으로 능히 해결되는 것으로 믿고 또 그와 같이 기대하고 있다.

　그러나 지금까지 인간의 지식으로 알 수 없고 과학으로 해결되지 못하고 있는 문제가 얼마나 많은가. 특히 의학부문에서 암의 미정복은 단적으로 인간능력의 한계, 과학의 한계를 새삼스럽게 느끼게 하고 있는 것이다. 그러나 근래 그 무서운 암이 신앙의 힘으로 정복되고 있다는 사실이 차츰 널리 알려지고 있다. 전지전능하신 하나님의 치료의 능력에 의하여 암이 퇴치되는 것이다.

천지만물을 창조하시고 주관하시는 하나님의 절대의 능력과 권능 앞에 우리 인간은 저 바벨탑을 세우는 것과 같은 망발을 버리고 머리 숙여 기도하지 않으면 안 되겠다.

하나님은 절대적 존재이시다. 태초에 우주를 창조하시어 무한한 능력으로 이를 지배하여 오신 것이다. 그러나 하나님의 피조물에 불과한 인간은 어떠한가. 그 생명이 순간적이고 그 능력이 너무나 제한되어 있다. 연약하고 부족한 유한적 존재인 것이다. 이제 우리 인간은 보다 겸허한 자세로 하나님의 뜻에 좇아 믿음과 사랑으로 평강과 구원을 찾지 아니하면 아니 될 것이다.

(1980. 4. 3. 전북신문)

3
승자와 패자

나이를 이루어

해가 바뀌고 나이를 한 살 더하게 될 때마다 누구나 인생의 무상과 허무를 느끼게 된다. 다시 말하면 어쩔 수 없는 시간의 흐름에 따라 자연이 성쇠(盛衰)하고 인간의 운명이 이끌려간다고 느끼는 것이다. 그리하여 우리는 과거를 되찾을 수 없는 영역으로 미래를 새로운 앞길로서 생각하며 그에 따라 나이를 '먹어'가는 것이라고 한다. 즉 시간이 흐르고 해가 바뀜에 따라 자기의 생이 우주의 법칙에 따라 먹혀들어 간다는 말일 것이다.

그러나 시간이라는 것을 하나의 흐름으로만 생각할 수 있을 것인가? 시간만이 흐르고 공간은 정지해 있다는 말은 아무래도 이상하다. 시간만의 우주를 생각할 수 없듯 이 공간만의 세상을 느낄 수 없다. 그렇다면 시간은 공간과 같은 성질로서 공간과 더불어 입체적으로 우리의 생을 형성해 나감에 틀림없는 것이다. 즉 우리의 생은 시간과 공간의 틀 위에 이루어지는 하나의 결실, 하나의 작품인 것이다. 따라서 나이를 먹는 것이 아니라 나이를 이루어 가는 것이며 생활이라는 작품을 창조해가는 것이다. 그러나 그 작품을 만드는 인간은 완전한 자유다. 그리고 그 앞에 놓여지는 시간과 공간이라는 재료는 운명적이다. 이제 여기서 인간은 주어진 운명적 틀 속에 어떠한 성질과 내용의 작품을 만드느냐에 따라 그 생의 가치와 의의가 결정될 것이다.

이제 새해를 맞이함에 있어 지금까지의 나의 인생적 작품을 살펴보면 너무나 허술한 보잘것없는 졸작이었다. 삼십여 년 동안 시간과 공간이라는 운명에 그대로 이끌려온, 즉 나이만 '먹어'온 느낌이다. 무엇을 위하여 무엇 때문에 그 많은 시간과 공간의 소재를 가지고도 아무것도 만들지 못하였던가? 참으로 비통한 일이다. 그러나 이제부터라도 정신을 차리지 않으면 안 되겠다. 사라져가는 꿈과 낭만을 다시 찾고 열정의 불을 일으켜야겠다는 마음 간절하다. 나이를 먹어가지 않고 나이를 이루고 이끌어가야겠다고 생각되는 것이다. 보다 뜻있고 알찬 작품을 만들어보고 싶은 것이다. 그것은 또한 새해마다 되풀이되는 결심이 되지 않기를 스스로 바라면서…….

(1965. 1. 11, 법률신문)

이런 역설(逆說)

 "피고인은 강도살인죄의 증거 충분하며 그 죄질(罪質)이 극악하므로 형법 제338조를 적용하여 최고형인 사형에 처함이 상당하다고 생각합니다."
 이 말은 나의 직업인 검사라는 입장에서 언제나 되풀이되는 사무의 일단면이다.
 피고인의 태도와 표정이 어떻든 방청석에서 흐느끼는 소리가 들려오든 말든 그것은 나에게는 조금도 절실하게 느껴지지 않는다. 비정한 검찰관과 죄수의 관계라고 할까?
 매일같이 대하는 죄수와 범죄. 여기에 나의 마음과 몸은 완전히 얽매어 그러한 극한적인 인간비극에도 별다른 감각과 의식이 일어나지 않는 것은 너무나도 당연한 일일지도 모른다.
 그러나 나는 하나의 직업 검찰관으로서 그들의 죄를 추궁하고 심판과 처벌을 구하고 있는 것이지만, 그러나 나는 하나의 인간으로서 인간의 삶이란 어떠한 것인가, 인간의 죄와 벌이란 어떠한 것인가에 대하여 언제나 깊이 생각해보지 않을 수 없다.

 죄라는 것은 무엇일까? 강도살인뿐만 아니라 도로 횡단 보행도 죄이고 보면 죄라는 뜻 자체가 적이 막연하기도 하다. 범죄도 그것이 법을 위반한 것이었을망정 인간의 인간적 행위의 한 형태인 것은 틀림없다. 그러면 인간의 행위는 무엇으로 결정되는가?

 어느 철인(哲人)은 인간의 행위는 운명과 우연과 의지의 세 가지 요소가 합쳐서 이루어진다고 말하였다. 그리고 운명을 피투성(被投性), 의지를 기투성(企投性)이라고 한다. 그것이 사실이라면 인간의 행위는 자기 자신만의 결심, 자기 자신만의 의지로써 결정된다고 볼 수 없는 것이며 여기에 사회환경, 빈곤, 그리고 무지(無知) 등 범죄의 사회성이라는 복잡한 문제가 제기되는 것이다.

 야스퍼스가 그의 〈비극론(悲劇論)〉에서 인간의 범죄에 대하여 사회인 각자가 공동 연대의 책임이 있는 것이라고 쓴 기억이 새삼스럽게 머릿속에 떠오른다. 여하튼 범죄는 인간의 삶에 있어서 하나의 제일 큰 인간적 비극이 아닐 수 없다. 그리고 실존주의자들의 주장과 같이 죄는 인간으로서 피할 수 없는 벽(壁), 즉 영원한 한계상황일는지도 모른다.

 그럼에도 불구하고 인간의 삶은 그 사람의 작품이라고 흔히 비유되고 있다. 여기에서 작품이라고 하면 문학가의 시와 소설, 화가의 그림, 음악가의 작곡, 조각가의 조각품 등 자기의 독창적 의사와 의지로써 그 내용과 운명이 창조된 예술작품과 같다는 뜻일 것이다. 인간의 삶이 인간 자신의 의지로써 개척되고 그 운명이 창조되는 것이라면 인간의 삶은 확실히 하나의 훌륭한 예술작품이라 말해도 하등 어색함이 없다.

그러나 예술작품은 어디까지나 작가 자신의 재능과 노력에 따라 전적으로 그 작품의 미와 가치가 얼마든지 추구될 수 있는 반면 인간의 삶은 이미 말한 바와 같이 전적으로 개인 자신의 의지만으로 이루어질 수 없고 운명과 우연이라는 어찌할 수 없는 불가항력의 요인이 깃들어 있는 것이다.

여기에 인간의 삶을 작품으로 인정하고 그 아름다움과 가치를 추구하여 가는데도 피할 수 없는 엄연한 한계가 있는 것 같다.

더욱이 예술인의 예술작품에는 다시 돌아오지 않는 시간의 제약을 받지 않고 얼마든지 퇴고와 정리, 그리고 개작이 가능한 것이나 인간의 삶은 육체와 함께 수명, 즉 공간과 시간이 합일되어 그 전체로서 입체적으로 형성되어가고 있는 것이다. 그것은 영원히 다시 반복되지 않는 오직 한 번만의 순간과 기회, 영원히 다시 돌아오지 않는 끝내 '1회적 과정'이라는 데 예술인의 예술작품의 창작과 본원적 차이가 있다. 여기에서 인간의 유한성을 인정하지 않을 수 없고 인간의 생명의 긴장과 함께 삶의 절실함을 아니 느낄 수 없는 것이다.

또한 여기에서 영원무한(永遠無限)의 세계에 대하여 순간의 유한적 존재로서의 인간의 삶의 허무함을 아니 느낄 수 없게 되는 것이다. 더욱이 인간은 아무런 이유 없이 던져진 존재이지 결코 스스로의 자유의지로 태어난 존재는 아님에 있어서랴.

그러나 던져진 이 미약한 존재 속에는 운명과 우연과 함께, 그러나 그 운명과 우연을 극복하는 의지가 힘차게 약동하고 있다. 미래와 꿈을 간직하고 가치를 추구하는 정열을 지니고 있다. 비록 잔학한 운명의 학대와 쓰린 굶주림 속에서 헤매는 범인이라도 꿈과 정열을 갖고 있다는 면에서는 인간적인 위대성이 있다. 다만 예술인의 예술작품에 미(美)와 함께 추(醜), 희극과 함께 비극이 있듯이 인간 개인의 역사에도 선과 악, 희극과 비극이 따르지 않을 수 없다.

그러나 그것을 단순한 비극으로서 받아들이는 데 그치지 않고 오직 가슴 깊이 약동하는 천부(天賦)의 의지로써 이에 대결하고 극복해나가는 데 인간의 위대성과 존엄성이 있으며 인간의 창조성이 있는 것이 아닐까?

여기에 인간의 삶의 가치가 있고 여기에 삶이 예술작품이 되는 계기가 있으며 아름다운 예술에 있어서와 같이 삶의 미적 형상화가 이루어질 것이다. 인간은 약하지만 강하고 인간의 삶은 쓰라리지만 아름답다는 역설(逆說)이 여기에서 나올 수 있는 것이다.

금년도 벌써 기울어 싸늘한 가을 바람이 검붉은 낙엽을 마당 이 구석에서 저 구석으로 흩날리고 있다. 날이 가고 달이 지나 1968년의 해도 어언간 다 지나가고 보니 나 스스로도 자신의 삶에 대하여 다시 한 번 돌이켜보지 않을 수 없다. 이 한 해가 언제나 다른 해와 마찬가지로 나의 삶에 있어서 싫든 좋든 양적으로 1년이라는 기간의 자리를 차지하게 된 것은 틀림없다. 그러나 그 한 해가 질적으로 나의 삶의 형성에 얼마나 주어진 바 있는지?

나는 얼마나 나의 의지를, 나의 정열을 바쳐 나의 운명과 싸웠는지? 무위(無爲)로 보낸 지난날이 너무나도 안타깝고 한스럽기만 하다. 오직 한 번만의 1968년의 해를 보내면서 인간의 삶의 허무함과 함께 그러나 가슴 깊이 의지의 약동을 느껴보려 하는 것이다.

여기서 나는 의지와 대지의 철학을, 생명의 철학을 내세운 니체의 힘찬 의지와 정열을 생각한다.

(1968. 12, 월간 중앙)

마음의 터전

 아침 저녁으로 방 저쪽 구석에서 귀뚜라미 소리가 요란하게 들려오는 것은 이제 분명 가을이 다가왔음을 느끼게 하는 것이다.
 가을은 정녕 나에게 있어 자신과 자신의 주변을 한 번 되돌아보게 하면서 언제나 한없는 회한과 허무감을 가져오게 하거니와 이번에도 나의 주변에서 어느덧 옛친구들이 여기저기 흩어져 떠나가고 저 멀리 이민까지 가버렸음을 새삼스레 다시 깨닫게 하여 이별과 외로움의 슬픔이 가슴 뻐근하게 스며들어옴은 어찌할 수 없는 것이다.
 몇 년 전에 유력한 회사의 전무로 있던 L이 소리 없이 미국으로 이민갔고 작년에는 K사장이 사업에서 실패하고 캐나다로 떠났으며, 이번에는 P사장이 그동안 이민 문제를 놓고 망설이며 고민하다가 드디어 미국으로 떠나고 만 것이다.
 그들은 왜 미국으로 캐나다로 떠나갔을까? 물론 이민은 국가적으로 볼 때 인력과 국력의 해외진출이라는 점에서 정부에서 꾸준히 장려하여 오는 터이며, 그렇게 보면 그들의 이민은 지극히 진취적인 것일 것이다.

그러나 그들은 여기에서도 상당한 사회적 지위를 가지고 윤택한 생활을 해왔으면서 어찌하여 모든 친지, 정든 산천을 버리고 어찌하여 조국을 등지고 저 멀리 수만리 이역땅으로 떠나갔을까?

국내의 가지가지 일들이 아니꼽고 메스꺼워서 고향과 조국을 등지고 떠나갔을까?

그러나 인간사회는 어디를 가나 모순에 차 있는 것이며 미국이나 캐나다의 사회도 그 예외는 아닐 것이다. 나아가 미국이나 캐나다는 서양 민족이 지배하고 있으며 우선 그들은 외모로도 우리보다 우월하여 여기서 빚어지는 열등감, 그들의 사실상의 인종차별은 어떻게 극복할 수 있을 것인가? 지식인은 빵만 먹고 살아갈 수 있는 존재는 아니기 때문에…….

또 몇 년 전, 어느 일간지에 캐나다에 이민간 사람의 간단한 생활수기가 실감 있게 실려 있어 재미있게 읽은 일이 있다.

그 글에는 캐나다에 이민온 많은 인텔리, 즉 일류대학을 나온 전직 은행원과 회사원, 일류대학을 나온 아리따운 아가씨가 새벽 일찍 골프장에 밀려와 이슬을 헤치며 낚싯밥으로 파는 지렁이를 캐어 잡는 모습이 그려져 있는 것이었다. 그들 인텔리들이 국내에서는 미처 생각조차 못할 일을 수만리 이역땅에서 아니할 수 없는 그 처지는 이민이 반드시 물질적인 여유만이라도 약속해주는 것이 아님을 뜻하는 것이었다.

그러나 나의 주변에서 떠난 L과 K, 그리고 P는 지금 현재로는 이민간 것을 결코 후회하지 않고 있으며, 내가 보기에도 그와 같이 느껴지니 적이 다행한 일이 아닐 수 없는 것이다.

그러나 이별과 외로움의 슬픈 여운은 그들의 주변에도 의연히 남아 있는 것이 아닐까?

사람의 행복은 어디에서 어느 환경에서 살아가느냐, 즉 삶의 터전이 문제가 되는 것은 아닐 것이다. 보다 중요한 것은 마음의 터전이 아닐까.

이제 나도 마음의 터전을 굳게 다져 끊임없이 엄습해오는 이 외로움과 허무감을 이겨내야겠다고 생각하는 것이다.

(1981. 10. 노령)

도박과 인생

도박은 형법상 처벌대상이 된다. 도박을 처벌하는 이유는 그것이 건전한 근로정신을 해치는 것으로 인정되기 때문이다.

그러나 우리 사회에는 법적으로 허용된 도박장이 여기저기에 있다. 카지노와 파친코 등을 얼마든지 볼 수 있는 것이다. 국가에서 발행하는 주택복권 등 복표(福票)도 도박의 일종이라 할 것이다. 미국에서는 그전에는 유독 네바다 주에서만 카지노 등의 도박장이 법적으로 허용되어 있었으나 최근엔 다른 모든 주에서도 도박장을 법적으로 인정하기에 이르렀다.

도박이 그와 같이 법적으로 허용되는 경우가 있을 뿐만 아니라 우리의 경제생활은 도박성에 의하여 좌우되는 경우가 너무나도 많은 것이다. 우리가 잘 아는 증권에 있어서 그 시세는 반드시 경제지표로만 결정되는 것이 아니고 불가해한 경제 외적 요인에 의하여 결정되어 증권 투자는 경우에 따라서는 커다란 도박인 것 같은 느낌을 갖게 된다. 나아가 일반 사업에 있어서도 그것은 수익성과 함께 안전성을 추구하는 것이나 그 수익성만을 과도하게 추구해갈 때 안전성은 위태롭게 되어 그것은 결국 도박에 가까운 것으로 되어가기도 하는 것이다.

 그뿐만이 아니다. 인간의 경제생활뿐만 아니라 그 외의 모든 사회생활도 도박성이 강하게 작용하는 것이 아닐까. 도박이 우연한 사정에 의한 승패의 결정이며 인간의 행위는 그의 의지와 운명 그리고 우연에 의하여 결정되는 것이라면 인간생활 전체가 일종의 도박적 성질을 가졌다 하여도 지나친 말이 아닐 것이다.

 그러나 우리의 생활이 도박과 같은 우연성이 지배하는 것은 어찌할 수 없는 일일는지 모른다. 그리고 우연성은 경우에 따라 인간에게 모험심과 용기를 돋우어주고 다른 한편으로 인간의 투기심을 만족시켜 쾌락을 가져다 주기도 한다. 그러한 우연성이 있기 때문에 인간생활이 한층 성장 발전하고 재미있게 되는 경우가 있는지도 모르겠다.

 그러나 그럼에도 불구하고 역시 인간생활의 승패는 그 사람의 의지와 능력으로 결정되기를 바라는 것은 오직 나 혼자만의 소망은 아닐 것이다.

(1977. 3. 23. 동아일보)

승자와 패자

　사람 살아가는 것이 생존경쟁이라고 할 때 인생은 어떻게 보면 싸움의 연속이라고 할 수 있다. 나면서부터 죽을 때까지 온갖 경쟁으로 이어지는 것이다.
　이러한 싸움, 즉 경쟁에 있어 혹자는 수단과 방법을 가리지 말고 이겨야 한다고 주장한다. 어떠한 싸움이든지 싸움은 이겨놓고 보아야 한다고 말하는 것이다.
　그러나 과연 그러한 주장이 옳은 것일까? 물론 세상은 언제나 승자 편이며 사람들은 승자에게 환호를 보내고 패자의 변(辯)은 아예 들으려조차 하지 않는다.
　따라서 싸움의 결과는 승자의 환희와 패자의 눈물만이 남는 것이며 여기에서 싸움은 수단과 방법을 가리지 말고 이겨야 한다는 주장이 나올 법한 것이다.
　그러나 나는 세상을 살아가면서 이제 승자에 대한 존경과 축복

보다 패자의 패자로서의 태도와 그 변에 더 관심을 가지게 되었다.

그것은 내가 그만큼 나이가 들어가고 인생 경험을 해가는 때문인지 혹은 내가 그만큼 인생살이에서 승리를 차지하지 못했기 때문인지 그 이유는 정확히 알 수 없다.

과연 인간생활은 반드시 싸움, 혹은 경쟁의 과정이라고 말할 수 없는 것이 아닐까? 사람의 삶은 오히려 서로 협동하며 진·선·미라는 가치를 추구해가는 과정이라고 생각할 때 여기에서 수단과 방법을 가리지 않고 이겨야 한다는 논리는 성립될 수 없는 것이다.

더욱이 우리의 자유사회는 상대주의적 가치관에 입각하여 절대적 가치를 인정하지 않고 있다.

따라서 어떤 목적이 절대적 가치로 표방될 수 없는 것이며 그리하여 민주주의에 있어서 보다 중요한 것은 그 과정과 방법이며 어떠한 목적도 수단을 정당화할 수 없는 것이다.

여기에서 부당한 수단으로 취한 승리는 진실한 승리라고 할 수 없는 것은 너무나도 당연한 일이다.

설사 인생이 싸움과 경쟁 내지 시합의 연속이라 하더라도 인생은 그 어느 시합 한판의 승부만으로 끝나는 것이 아니다. 인생의 승부는 돌고돌아 어제의 승자가 오늘의 패자가 되고 오늘의 패자가 내일의 승자가 되기도 하는 것이다. 또한 어느 면에서의 승자가 다른 면에서 패자가 되고 다른 면에서의 승자가 또 다른 면에서는 패자가 되기도 한다.

  따라서 인생의 승부는 죽을 때까지의 종합적 평가가 보다 중요한 것이 아닐까? 그렇다면 결코 한판의 승부만에 너무 집착하여 웃고 울어야 할 것이 아닐 것이다.

  여기에서 승자의 겸허와 아량, 그리고 패자의 패자로서의 승복과 의연한 태도가 중요한 것이다.

(1980. 12. 노령)

동기와 수단

도스토예프스키는 누구나 다 아는 러시아의 위대한 작가이다. 그는 대륙적인 방대한 사상으로 문학작품 속에서 여러 가지 철학적인 문제를 제기하였다. 〈죄와 벌〉의 주인공 라스콜리니코프는 그 당시 소위 창백한 인텔리로서 사회에 대하여 무서운 비판의 눈으로 바라보다가 마침내 어떤 고리대금업자이면서 수전노를 도끼로 살해하였다.

그는 그 고리대금업자에 대하여 개인적으로는 어떠한 이해관계나 원한이 있었던 것은 아니지만 그를 사회의 이와 같은 존재로 규탄하면서 도끼로 살해함에 이른 것이다.

라스콜리니코프는 그 고리대금업자를 살해하고 난 후 그 행동의 정당성으로 동기는 수단을 정당화한다는 이론을 폈다. 즉 정당한 동기는 비록 이를 실현하는 수단이 부당하다 하더라도 그 행위 전체를 정당한 것으로 만든다는 것이다. 그러나 그는 그러한 이론만으로는 그의 살인에 대한 심적 고뇌를 극복하지 못하고 결국 신의 사랑에 귀의하여 자신을 구하는 것이다.

과연 인간의 행위에 있어서 그 동기는 수단을 정당화할 수 있을까?

가지가지의 범죄사건을 취급해보면 거기에는 항상 그 범죄자들의 안타까운 동기가 숨겨져 있는 것이 사실이다. 그러나 과연 그 동기가 그들이 저지른 범죄를 정당화할 수 있을까?

물론 초법률적인 혁명이나 혹은 법의 테두리 안에서도 정당방위 등은 별개의 문제이다. 그러나 일상적인 사회생활에서 일상적인 시민은 그 동기가 아무리 위대하다 하더라도, 아무리 참지 못할 안타까운 사연이 있다 하더라도 사회의 규범이라고 하는 도덕이나 법에 따라 사는 것이 정당한 삶이 되지 않을까?

환경이 사람을 만든다는 말이 있다. 그 말의 뜻은 물론 환경이 동기를 만들고 그 동기가 결국 그러한 범죄를 유발한다는 것이다.

그러나 인간은 어디까지나 환경의 외부물적(外部物的) 세계의 주체인 것은 틀림없다. 자신의 주체적 판단과 선택에 따라 자신의 행위를, 자신의 운명을 형성해나가는 것이다.

자신의 의지에 따라 동기가 정당할 뿐 아니라 수단도 정당하게 살아갈 수 있는 것이다. 정당한 사회생활은 동기뿐만 아니라 수단도 정당하여야 하지 않을까?

(1975. 1. 16. 전남매일신문)

판잣집에 깃든 운명

　내가 고등학교를 졸업하고 대학 입학시험을 치던 때가 벌써 11년이나 되었다. 6·25동란이 일어나 부산으로 옮겼던 중앙의 각 대학이 그때까지 부산에 머무르고 있었기 때문에 나는 부산에 가서 대학 입학시험을 치르게 되었다. 그런데 원래 저 호남평야의 농촌에서 자라나 학교도 지방의 소도시 전주에서 다녔고 그동안 서울이나 부산 등 큰 도시를 한 번도 가본 적이 없던 나로서는 시험도 시험이지만 우리 나라 제2의 도시이며, 항구로 이름 높은 부산에 가는 것이 한편 얼떨떨하고 가슴 부푸는 일이었다.
　그런데 나는 그때 무슨 차를 탔던지 캄캄한 밤중에 부산에 도착하게 되었다. 대학 입학시험에 대한 공포, 그리고 처음 보는 부산항에 대한 기대가 엇갈리는 가운데 기차가 부산역에 다다랐을 때 나는 참으로 놀라움을 금치 못하였다. 정말 부산이 그렇듯 큰 도시인 줄은 전혀 뜻밖이었다. 그렇듯 굉장한 고층건물이 있을 줄은 미처 생각지 못했던 것이다. 앞을 바라보니 수십 층 아니 백 층도 넘을 듯한 고층건물이 맞은편으로 밤하늘에 우뚝 솟아 있는 것이 아닌가!

역 광장으로 나오니 그 고층건물 밑으로는 휘황찬란한 불빛으로 눈이 부시고 위를 쳐다보니 꼭대기의 불빛은 가물가물하게 보이는 것이었다. 참으로 엄청난 건물이었다. 전주와 같은 조그마한 도시에서 지내다가 부산의 그 웅장하고 화려한 모습을 대하게 되니 그저 놀랍고 아연해질 따름이었다. 더욱이 이러한 대도시의 수재들과 서울법대에서 경쟁할 것을 생각하니 눈앞이 아뜩하였던 것이다. 나는 그러한 놀라움과 두려움으로 가슴 조이며 낯선 부산의 어느 여관방에서 하룻밤을 지내게 되었다.

그러나 놀라운 일이었다. 너무나 허무한 일이었다. 날이 새어 앞을 바라보니 그 수십 층 아니 백 층이 넘던 고층건물은 간 곳이 없고 수많은 초라한 판잣집만이 눈앞에 나타나는 것이 아닌가! 붉은 산 잔등이에 성냥갑만한 판잣집들이 마치 게딱지가 붙어 있듯이 들어서 있는 것이었다. 전날 밤의 경탄에 반비례하여 나의 실망과 허무감은 너무나 큰 것이었다. 어처구니없는 노릇이었다. 자신의 어리석음에 혼자서 그저 쓴웃음만 지을 수밖에 없었다. 전날 밤 보았던 그 수십 층의 건물은 실은 고층건물이 아니라 붉은 산언덕 위에 붙어 있는 무수한 판잣집의 집합체였으며, 어리둥절한 눈에 밤의 불빛으로서 그러한 고층건물로 착각이 되었던 것이다.

부산은 지금도 그 판잣집들이 그대로 남아 있다. 남아 있을 뿐만 아니라 자세히 살펴보면 산 잔등이와 바닷가로 판잣집은 그때보다 훨씬 불었고 지금도 끊임없이 늘어만가고 있는 것이다. 부산은 십여 년 전보다 크게 발전하여 새롭고 훌륭한 건물이 많이 세워져서 광복동과 남포동 거리는 오히려 서울의 어느 거리보다도 화려하지만 경쟁이나 하듯이 판잣집의 수효도 자꾸만 늘어가는 것이다.

부산의 그 많은 판잣집에서 살아가는 사람의 수는 얼마나 될까? 또 다른 도시에는 판잣집이 얼마나 많으며 그리고 농촌에는 판잣집과 같은 초가집이 얼마나 많고 거기에서 얼마나 많은 우리 국민이 그날그날을 살아가고 있는 것일까. 그 사람들은 무서운 생존경쟁에서 패배당하여 현재 판잣집에서 살고 있는 것일까? 그렇지 않으면 원래 판잣집에서 태어난 사람들일까? 여기에서 인간의 자유와 운명을 다시 한 번 생각지 않을 수 없다.

'인간의 운명은 인간 자신에게 있다'고 한다면 판잣집에서 살아가는 그들의 오늘의 현실은 결코 누구를 탓할 것도 아니요, 자신의 무능력과 패배의 당연한 귀결이라고 할 것이다. 삶의 의지에 따라 힘차게 싸워 승리한 사람은 광복동의 화려한 거리에서 삶을 즐길 것이지만 그러한 의지가 약하거나 중도에서 패배당한 사람들은 저 산언덕 위의 판잣집에서 저주스런 하루하루를 보내게 될 것이다.

그러나 인간의 현실은 자유의지(自由意志)에만 따라 이루어지는 것은 아닌 것 같다. 판잣집에서 태어났기 때문에 판잣집에서 살아야 하는 사람이 너무나도 많으며 또한 격심한 생존경쟁과 복잡한 사회기구는 악착스런 생의 의지의 소유자에게도 어쩔 수 없는 판잣집 생활을 강요하기도 하는 것이다.

여기에 자유의지의 한계가 있으며 은명의 제약을 생각지 않을 수 없다. 너무나도 처참한 가정환경과 그리고 너무나도 냉엄한 사회적 여건의 가혹한 운명의 쇠사슬에 굶여 몸부림치는 사람이 수없이 많다. 잔인한 운명의 악희(惡戱)에 짓눌려 하루하루 어떻게 목숨을 이어가느냐의 극한적 상황에 있는 사람이 또한 부지기수다. 산언덕 판잣집에서 매서운 찬바람을 맞으며 헐벗고 굶주리다 못해 마침내 그들은 죄를 짓고 '붉은 벽돌담' 안으로 찾아들거나 혹은 목숨을 버리기까지도 하는 것이다.

그러나 비극은 극복되어야 한다. 판잣집에서 사는 사람은 판잣집에서 살기 때문에 보다 힘찬 생의 의지를 발휘하여야 하며 용기와 의욕을 지녀야 한다. 판잣집의 운명에 대결하여 보람 있는 삶의 터전을 찾아야 한다.

운명은 여자와 같고 운명은 파도와 같다는 말이 있다. 요사스런 운명의 여신은 다가온 행운도 노력하지 않으면 앗아가는 것이며, 인간의 노력에 따라 새로운 운명을 이끌어올 수도 있는 것이다.

또한 인간의 운명은 수레바퀴와 같다. 오늘의 운명의 학대를 내일의 승리를 위한 신의 섭리로 생각하고 전진한다면 새로운 운명을 쟁취할 수도 있을 것이다. 여기에 운명에 대한 인간의 승리, 의지의 승리, 자유의 승리가 있는 것이다.

그러나 판잣집의 신세가 어느 개인 하나의 문제가 아니요, 많은 국민이 당하고 있는 비극적 현실이라면 개인의 투쟁에 국가의 강력한 뒷받침이 뒤따라야 한다. 그들의 생명과 생존을 돕기 위하여 국가적 비상대책이 세워져야 할 것이다. 그들에게 생의 의욕과 꿈을 불어넣어 주어야 할 것이다.

그것은 생존권(生存權)이라 불리는 그들의 국가에 대한 기본적 권리이기도 한 것이다. 그것은 인간 공동생활의 최소한의 윤리적 요구이며 국가 공동생활의 최후적인 법적 요청이다. 여기에서 비로소 범죄와 죽음에 이르는 병든 의지는 전진과 건설의 의지로 발전해나갈 것이며 저 수많은 판잣집들도 새롭고 아름다운 행복의 보금자리로 바뀌어질 것이다.

(1964. 4. 여원)

밀항자

지난 8월 15일이었다. 공휴일에 일숙직을 당하여 하루종일 쉬지도 못하고 경찰에서 청구해오는 구속영장에 대하여 그 허부(許否)를 결정하고 서명하지 않으면 안 되었다. 그날따라 잡범(雜犯)의 영장청구가 많은데다 저녁 늦게 각 서에서 밀항자에 대한 영장청구를 가지고 몰려왔다. 그 수는 무려 120여 명! 그 영장들에 서명만 하기도 팔이 아플 지경이었다. 밀항자들이 이렇듯 항상 한 차례에 백여 명씩 강제 송환되어 오는 것이다.

부산을 중심으로 한 남해안 지방과 제주도에서는 일본으로 밀항하는 사람들이 극히 많으며 군사혁명 후 밀항단속법이 제정되어 그에 대한 단속이 강화된 지금에도 그들은 거의 필사적으로 밀항을 시도하고 있다. 경찰의 눈을 피하여 만 원 이상의 막대한 돈을 들여 신통치 못한 선박에 올라타고 3, 4일을 두고 현해탄의 물결을 헤치며 모험을 하는 것이다.

그들 밀항자들은 그러한 모험을 거쳐 일본에 상륙하자 마자 즉시 일본 경찰에 체포되게 마련이고 대촌(大村) 수용소에서 5, 6개월 억류를 당하거나 혹은 재판으로 형을 살고 강제 송환되어 오게 된다. 그러나 그들은 다시 고국의 법에 따라 새로운 처벌을 받지 않으면 안 될 운명에 놓여 있다.

  그들을 수사해 보면 17, 8세의 미성년자도 있고 60세가 넘는 연로자도 있으며 여자도 때때로 끼여온다. 그 밀항동기는 물론 가지가지다. 부모 형제를 찾아서, 공부를 하기 위하여, 난치병을 고치기 위하여, 혹은 친척에게 생활비를 구하기 위하여, 심지어 구경삼아서 등등의 각가지 그럴듯한 이유가 제가끔 있다.

  그러나 따지고 보면 그들의 근본적인 심리적 동기는 대부분 실직상태에서 비참한 환경에 시달릴 대로 시달려서 별다른 직업을 찾지 못하고, 정열을 바칠 대상을 발견치 못하여 현실에 대한 반항으로 새로운 삶의 터전을 찾아가려는 것 같다. 마치 꿈에 본 선인국(仙人國)을 찾아가는 심정으로……. 이러한 밀항 심리는 요즈음 이민하는 사람들에게서도 찾아볼 수 있다. 상당한 지식 수준과 중류 이상의 생활수준에 있는 사람들이 현실에 염증을 내고 이민해가는 것이다.

  그러나 현실에 대한 불만이 현실도피로서 해결될 수 있을까. 불만에서 도피로만 나간다면 그 불만은 어디를 가나 해결치 못할 숙명적 과제로 남지 않을까? 바다 건너 밀항하는 것이 조국을 밀항(密抗)하는 것이 되지 않을까?

물론 많은 우리 국민이 기아선에서 헤매고 있고 또한 우리의 현실은 꿈과 희망을 주지 못하고 정열을 바쳐 싸워나갈 국민적 이상이 결여되어 있다는 것은 사실이다. 그러나 그것은 어느 국민 한 사람의 문제도 아니요, 어느 누구만의 탓이라고도 할 수 없으며 국민 각자가 책임지고 해결해야 할 과제이다.
　이러한 현실과 조국을 등지고 그대로 떠나 밀항하거나 밀항 의식으로 이민해간다면 오히려 그 자신이나 국가를 위하여 얼마나 슬픈 일인가! 우리에게 실천되어야 할 것은 현실로부터의 도피가 아니라 현실의 타개가 아닐까?
　도피는 절망과 패배를 뜻하지만 전진에는 새로운 희망과 정열이 불타오르는 것이다. 살려는 자는 싸우지 않으면 아니 된다. 현실에 대결하여 새로운 참다운 삶을 창조하겠다는 의지가 없는 자는 지상에 생존할 자격이 없는 자이다. 그러한 의지가 약동하는 곳에 자신의 힘을 발견하고 자신을 낳은 국가 민족을 발견하게 된다. 여기에서 '가로 청소부로서 한국 국민이 되는 것으로 외국의 왕이 되는 것보다도 한층 높은 보람을 느끼는' 민족적 긍지가 생겨날 것이다.

(1964. 11. 여원)

영원한 청춘

나는 K씨의 나이가 60이 훨씬 넘어 70이 가까운 것으로 알고 있다. 그의 머리는 백발이 성성하고 허리는 자연 구부러진 편이 된 것이다. 그러나 그는 그 나이에도 어느 금융회사 대표로 일해 오다가 지난번에 다시 다른 큰 회사 책임자로 부임하였다. 그 후 나는 K씨와 저녁식사를 같이하는 기회를 가졌다. 나는 그 자리에서 K씨에게 물었다.

"사장님은 이제 과거를 회상해볼 때 인생을 즐겼다고 생각하십니까?"

K씨는 이 물음에 대하여 즉각 답변하기를,

"나는 아직 그러한 물음에 대답을 할 단계에 이르지 아니하였소" 하는 것이었다.

그리고 그는 다음과 같은 이야기를 들려주는 것이었다. 어느 날 그는 골프 티 셔츠를 사기 위하여 백화점에 들렀다. 티 셔츠부 여

점원은 가지가지의 스타일과 빛깔의 티 셔츠를 이리저리 내보이는 것이었다. 이때 그는 빨강 티 셔츠를 골라잡았다. 그 순간 그 점원 아가씨는 "할아버지가 무슨 빨강 셔츠를 입으셔요?" 하고 의아스럽게 쳐다보는 것이다. 그는 이에 화가 부쩍 치밀어올랐다. "너 누구보고 할아버지라고 하느냐. 그래 할아버지는 빨강 셔츠 입지 말라는 법이 있느냐?" 그는 이와 같이 호통치면서 골라잡은 티 셔츠를 팽개치고 문 밖으로 향하였다. 이에 그 점원 아가씨는 그제야 눈치를 알아채고 "할아버지라고 부른 것 잘못했어요. 아저씨! 아저씨! 기왕 고르셨으니 제발 사가주세요" 하고 소매 끝을 잡으면서 애원하는 것이었다. 그는 화가 다소 풀리어 기왕 고른 셔츠이니 사겠다고 다시 점포로 들어가 이를 사가지고 왔다는 것이었다.

할아버지라고 하는 존칭이 반갑지 않은 정말 듣기 싫은 칭호라는 것이었다. 점원 아가씨로부터뿐만이 아니라 친손자로부터도 할아버지라는 칭호가 듣기 싫어 손자 녀석이 "할아버지" 하고 달려들면 "이놈아 듣기 싫다"라고 소리친다는 것이다.

나는 그의 이야기를 듣고 인생을 결산해보라는 뜻의 위와 같은 질문을 한 것을 깊이 후회하였다.

사람은 누구나 일정한 나이에 이르면 늙어가게 된다. 그것은 어찌할 수 없는 자연의 법칙인 것이다. 그러나 인간은 육체적인 동시에 또한 정신적인 존재이다. 사람의 육체는 자연법칙에 따를 것이나 그의 정신까지 자연법칙에 따라야 할 이유는 없는 것이다.

그렇다면 사람이 늙는다는 것은 육체적으로 늙는다는 것이지 정신적으로까지 늙는다는 것은 아니지 않을까?

　사람의 삶은 가치추구의 과정이다. 그리고 사람의 삶은 육체적인 영역보다 정신적인 영역에 보다 그 가치가 있다고 할 것이다. 그렇다면 사회생활에 있어서의 사람의 삶의 문제는 그 사람이 육체적으로 젊었느냐 늙었느냐의 것이 아니라 그 가치를 추구할 능력이 있느냐 없느냐 하는 것의 문제가 아닐까?

　사람의 삶은 근본적인 삶에의 의지라고 할 수 있다. 그리고 삶에의 의지는 다름 아닌 삶에의 희망과 정열이라고 할 것이다. 따라서 아무리 젊은 사람이라고 하더라도 희망과 정열이 결여되었다면 이미 그는 늙은 것이며, 아무리 나이가 들은 사람이라도 과거와 추억에 집착하지 않고 오히려 포부와 열정으로 살아간다면 그는 아직도 젊다고 하여야 하지 않을까? 여기에 인생을 늙지 않고 언제나 젊게 살아가는 비결이 있지 않을까? 할아버지가 아닌 영원한 아저씨로, 영원한 청춘으로…….

(1976. 11. 15. 전남매일신문)

운명이라는 것

 세월이 흘러가고 나이가 더하여감에 따라 어쩔 수 없이 운명과 의지, 현실과 영원, 생과 사 등의 문제에 대하여 깊게 생각해보지 않을 수 없다. 그 가운데서 운명이란 말은 우리 일상생활에서 자주 쓰이는 말이지만 그 정확한 뜻과 정체는 알기 어려운 것 같다. 과연 운명이란 무엇이며, 우리 인간과 어떠한 관계를 갖는 것일까?
 우리 인간의 생활관계는 반드시 우리의 의지만에 의하여 결정되는 것이 아님은 확실하다.
 우선 우리가 그 누구의 아들딸로 태어나서 지금 여기에 있고 또 어떤 얼굴 모습과 성격을 가지고 살아가고 있는가 하는 문제를 따져보더라도, 곧바로 그것이 우리의 의지와는 거의 무관하게 이루어지고 있다는 것을 쉽사리 인정하지 않을 수 없는 것이다.
 그와 같이 우리의 삶과 그리고 그 모든 화복을 근원적이고 영속적으로 지배·좌우하는 그 어떤 힘, 그것을 우리는 막연히 운명이라고 부르는 것이 아닐까? 그리고 우리 인간은 경우에 따라 혹은 이에 감사하고 혹은 이를 저주하는 것이 아닐까?

기독교적으로 생각하면 우리 인간은 만세전에 하나님께서 선택·결정한 것이라 하고 무신론적으로는 우리 인간 관계는 인간의 의지 외에 어떤 외적·물적 요인으로 지배 결정된다고 말해지고 있다.

실존주의 철학자들은 이를 인간의 한계상황이라고 하는 것 같고, 특히 하이데거는 피투성이라는 말로 이를 표현하여 인간의 의지를 뜻하는 기투성과 대비하는 것 같다.

그리하여 우리 인간은 그 운명의 여신에 이끌리어 어떤 경우에는 영광을, 어떤 경우에는 비극을 안게 되는 일이 많지 않은가?

나는 어렸을 때부터 운명이라는 문제를 느끼면서 운명과 대결하여 살아갈 것이라고 생각하였고, 또한 그렇게 살아왔다고 믿고 싶다. 그러나 나는 세상사의 무상함과 허무함을 보아오면서 이제는 단순히 운명과의 대결만을 생각하는 것이 아니라, 나에게 주어지는 운명을 순수하게 받아들이는 문제도 또한 절실하게 느껴지는 것이다. 그것은 결코 운명에의 굴복이 아니며 운명의 극복이라고나 할까?

운명의 면에서 볼 때 인간은 지극히 왜소하고 하잘것없는 존재일 것이지만, 그러나 자유의 입장에서 생각할 때 인간은 위대한 주체적 존재로서 그 운명을 극복하고 여기에 조화해나갈 수 있는 것이 아닐까?

또한 다른 면으로 보면 인간생활에 그러한 운명적 요소가 있기 때문에 오히려 역(逆)으로 힘차고 다양한 인간생활이 펼쳐지는 것이 아닐까? 그것이 없고 의지만이 지배한다고 가정할 때 우리의 생활은 얼마나 단조롭고 답답한 것이 될 것인가?

운명과 의지와의 조화! 여기에 인간 생활의 참된 의미와 즐거움이 있고 그리고 가치가 있는 것이 아닌가 생각해보는 것이다.

(1988. 4. 대한변호사협회지)

국가(國歌)와 국화(國花)

　어느 학자는 우리 나라 민족성을 은근과 끈기라고 표현하고 있다. 조그마한 나라가 인접 강대국가의 빈번한 침략 속에서도 4,000여 년의 기나긴 역사를 누려온 것은 확실히 우리 민족이 끈기 있는 민족임을 증명하고 있다.
　그러나 다른 한편 은근한 민족성은 기나긴 역사에도 불구하고 별다른 화려한 전통을 남기지 못하고 지금도 후진국의 테두리 안에서 인간 밑바닥의 생존문제로 허덕이고 있다. 즉 급류나 격류의 역사가 아니라 은근하게 흘러온 완류(緩流)의 역사였기 때문에 다른 선진국가를 뒤따라갈 수밖에 없었던 것이다.
　이러한 은근한 민족성이 우리 나라 국가인 애국가와 국화인 무궁화에 그대로 나타나 있다. 애국가는 그 곡조가 전혀 박력이 없고 맑지 못하여 장엄하고 진취적인 기백을 느낄 수 없고 너무 느려서 도대체 속도를 느낄 수 없다. 곡조뿐만 아니라 그 가사 내용도 이해하기 어려운 점이 있다. 어느 교수가 말한 대로 '동해물과 백두산이 마르고 닳도록' 한 것은 너무나 쇠퇴적·소극적이다. 동해물이 태평양을 이루고 백두산이 하늘에 닿는다는 보다 발전적·적극적 내용이 되지 못하고 있다. 또한 무궁화는 어느 시골 울타리 대용으로 심어지기 일쑤이고 언제 피는지 지는지 뚜렷하지 않다. 그뿐만 아니라 무궁화는 화단 속에 가꾸어져 자기 모습을 화려하게 자랑하는 일이 극히 드문 것이다.

무릇 국가나 국화는 그 나라 민족성을 상징함과 아울러 민족의 미래와 희망을 담고 있다. 여기에서 민족정신의 통일을 기할 수 있고 민족적 정열을 불러일으킬 수 있는 것이다.

우리 국민도 이제 과거의 빈약한 역사에서 새로운 웅대한 민족사를 창건하여야겠으며 그러기 위해서는 무엇보다도 먼저 국민정신의 통일과 그 정열의 집중이 요청된다. 따라서 우리의 정신을 통일하고 집중시키는 국가와 국화에 있어서 애국가보다 장엄하고 씩씩한, 그리고 적극적이며 진취적인 곡조와 가사로 된 국가가 새로이 만들어지기를 바라며 보다 화려하고 아름다운 국화의 새로운 선택이 있었으면 하는 마음 간절하다.

(1964. 9. 7. 법률신문)

4
지식과 지혜

지식과 지혜

  법관이 되기 위해서는 다년간 법률공부를 하고 어려운 소정의 자격시험을 거치지 아니하면 아니 된다. 그리하여 그들은 일단 풍부한 법률지식을 쌓았다고 인정받게 되어 있는 것이다.
  그러나 그들이 그 풍부한 법률지식을 가지고 하는 재판이 언제나 반드시 옳다고는 말할 수 없을 것이다. 그들도 역시 인간의 한정된 능력 때문에 그 재판은 언제나 오류의 가능성이 있다 할 것이다.
  물론 심급제도(審級制度)가 있어 상소로서 시정의 기회가 있지만 상소심도 그러한 인간 본원적 제약은 여전히 남아 있다 할 것이다.
  원고와 피고, 검사와 피고인의 팽팽하게 맞서는 주장과 그에 따른 증거들이 과연 어느 것이 진실한 것인지 판별하기는 참으로 어려운 일이며, 해박한 법률지식을 가지고 있다고 하여 반드시 이를 현명하게 판단할 수는 없는 것이다. 법률지식으로 보아서는 그 주장이 다 받아들여질 수 있는 것이요, 그 증거가 거의 증거로서 채택될 수 있는 것들이어서 과연 어느 주장, 어느 증거를 받아들일 것인가 하는 문제는 이제 한갓 법률지식의 문제는 아니기 때문이다.

여기에 법률로서 해결해나가지 못하는 한계가 있고, 여기에 인간의 지식이 해결해내지 못하는 한계가 있는 것이다. 여기에 법관의 고뇌가 있고, 여기에 법관의 어려움이 있는 것 같다.

그리하여 구약성서를 보면, 솔로몬은 아무런 법률지식이 없음에도 불구하고 현명한 재판을 하였음을 알 수 있는 것이다.

두 여자가 한 아이에 대하여 서로 자기 아이라고 주장함에 대하여 통상의 지식으로 판단하면(?) 그 아이를 반씩 나누자고 하는 여자의 말이 옳다고 인정될 수도 있겠으나 솔로몬은 그 아이를 죽이지 말고 상대방에게 주라는 다른 여자의 말을 현명하게 받아들여 오히려 그 아이를 그 여자에게 주라고 하는 판결을 하였던 것이니 여기에서 솔로몬의 지혜가 빛났던 것이다.

그와 같이 지식은 경우에 따라 다만 가공적인 논리의 전개만일 수 있겠으나, 지혜는 인간과 세계의 실체에 대한 현명한 관찰과 판단에서 우러나오는 것으로 생각된다.

재판날이면 언제나 방청석을 메우는 지금의 민사재판 또는 형사재판에서 인간의 유한한 능력으로 그 많은 시비와 죄를 어떻게 다 올바르게 판가름할 것인지? 더욱이 어지러운 사회풍조에 따라 거짓 증언이 판을 치는 이 상황에서 어떻게 참과 거짓을 분별하여 사실을 밝힐 것인지 지극히 어려운 문제가 아닐 수 없다고 생각한다.

이러한 재판 현실에서 나는 지금 소위 변호사라는 이름을 가지고 당사자의 한쪽 입장에 서서 얼마만큼 법관의 올바른 판결에 도움을 주고 있는지, 아니면 오히려 그와 반대로 진실과 어긋나는 오판을 유도하고 있는 것은 아닌지 스스로의 위치를 생각해보지 않을 수 없는 것이다.

그리하여 우리는 그 많은 시비와 죄가 현명한 재판으로 다스려지는 사회보다 그 시비와 죄 자체가 적은, 밝고 정직한 사회가 이루어지기 바라고 힘써야 할 것이 아닐까?

(1986. 8. 노령)

심판의 고뇌

사람은 신이 아니다. 신이 아니기 때문에 그의 지혜와 능력은 유한한 것이다. 그러한 유한한 지혜와 능력으로 다른 사람의 죄를 가린다는 것은 지극히 어려운 일이 아닐 수 없다. 따라서 사람의 죄를 심판하는 일은 어쩌면 신의 권능에 속하는 일일는지도 모른다.

다른 한편 어느 개인을 심판하여 그가 유죄냐 무죄냐를 판가름하는 것은 그 개인에게 있어서는 그의 전 운명의 문제이다. 죄 없는 자가 벌을 받게 되는 것은 그의 다시 회복될 수 없는 파멸을 강요하는 것이거니와 정의의 이름에서도 용납될 수 없는 것이다. 그와 반대로 죄를 지은 자가 무죄의 판단을 받는 것도 그것 또한 사회질서의 면에서나 정의의 이름으로서도 허용될 수 없는 일일 것이다.

그러나 인간의 심판은 그의 지혜와 능력의 유한성 때문에 반드시 현명한 것이 될 수 없다.

〈베니스의 상인〉에 나오는 포셔의 심판은 인간의 지혜의 위대함을 나타내주는 것이나 소크라테스에 대한 사형선고는 인간의 심판이 얼마나 오류에 빠질 수 있는가를 말해주고 있는 것이다.

사람이 다른 사람을 심판한다는 일은 날이 갈수록 더욱 어려움에 당하고 있다. 인간생활이 복잡하여감에 따라 죄는 질적으로 극도로 지능화·기술화하여 가고 있고 법의 규정 또한 거미줄처럼 얽혀져 간다. 거기에다 어느 누구나 자기의 죄상을 은폐하는 것은 그의 당연한 권리로 인정받고 있는 것이다. 여기에서 어느 죄를 누구가 범했느냐를 가려내는 것은 진정 어려운 일이 되고 있거니와 경우에 따라서는 죄를 범했다는 혐의를 받는 그자가 과연 죄를 범한 것인지 아닌지, 나아가 그의 소위(所爲)가 그렇듯 잡다한 법의 해석에 있어 죄가 되는 것인지 아닌지를 가리고 따지는 일은 범상한 사람의 지혜와 능력으로서는 너무나 벅찬 어려움이 아닐 수 없는 것이다.

물론 그에 대한 유무죄를 판가름하는 밑받침으로 사람의 증언이나 증거로 할 물건이 더러 있다. 그러나 사람은 거짓을 말하는 성벽이 있음을 부정할 수 없는 것이어서 그러한 증언의 진위(眞僞)를 가리는 것은 더욱 어려운 문제가 되고 있는 것이다.

결국 사람이 사람을 심판하게 될 때 〈베니스의 상인〉의 포셔의 지혜나 이스라엘 왕 솔로몬의 지혜를 타고나지 못하였음을 스스로 안타깝게 생각지 않을 수 없는 것이다.

(1977. 3. 30. 동아일보)

능력의 한계

인간은 중간자다. 인간이 천사와 악마의 중간적 위치에 있다는 말은 너무나 흔한 말이다. 그러나 성정(性情)의 면에서뿐만 아니라 능력의 면에서도 또한 인간은 중간자다.

파스칼은 그의 유명한 저서 《팡세》에서 능력에 있어서 인간은 중간적 존재임을 하나하나 예증하였다. 우리의 눈은 너무 멀리 있는 물건이나 너무 가까이 있는 물건은 보지 못하고 우리의 귀는 너무 큰 소리나 너무 작은 소리는 알아듣지 못하며 우리의 피부는 극단의 더위도 극단의 추위도 느끼지 못하여 따라서 인간은 상당(相當)한 것(Something)이지 만능의 것(Everything)이 아니라고 말하였다. 그러기 때문에, 우리 인간은 천사도 아니고 악마도 아니기 때문에 선을 지향하지만 죄악을 범하며 우리 인간은 만능의 신도 아니고 무지의 동물도 아니기 때문에 진리를 지향하지만 우리의 일에는 오류가 있다.

인간은 이렇듯 중간적 능력자이기 때문에 각자 주체적 자기 입장에 따라 하나의 대상에 대하여도 가지가지 다른 판단과 해석을 내놓기도 하는 것이다.

이러한 불완전한 능력으로 우리는 남이 죄를 범했는지 아니 범했는지를 따지고 있다. 따라서 검사가 유죄를 확신하고 기소한 사안에 대하여도 변호사는 확신을 가지고 무죄를 주장하는 이유도 바로 여기에 있으며 법관의 독자적인 판결에 심급제도가 존재하는 이유도 바로 여기에 있다.

또한 여기에 절대를 주장하는 전체주의에 대하여 상대를 긍정하는 개인주의의 차이와 그 장점이 있는 것이 아닐까?

이에 우리 불안전한 인간으로서는 추구해갈 수밖에 없는 것이다. 영원한 절대의 진리는 피안의 세계에 있고 우리는 온갖 성의를 다하여 소위 신음하면서 추구 접근해갈 수밖에 없는 것이다. 올바른 재판을 순수한 양식과 힘찬 노력으로써 탐구해갈 수밖에 없는 것이다. 설사 검사의 결정에, 법관의 판결에, 그리고 변호사의 변론에 서로 다른 판단과 해석이 있다 하더라도 그것은 유한한 인간 능력의 어쩔 수 없는 결과이며 다만 우리는 우리의 능력의 한계성을 인식하면서 또한 이를 극복 추구해가는 데 인간의 위대성이 있을 것이다.

(1967. 8. 1. 법조시보)

죄의식과 증오의 윤리

　요즈음 우리 사회에는 죄의식이 너무나 희박한 것 같다. 신의를 저버리고도 오히려 큰소리를 치는 사람이 많은가 하면 죄를 저질러 교도소에 끌려가면서도 오히려 거물이 되었다고 떠드는 사람도 있다. 그렇다고 세상 사람들은 이에 대하여 크게 비난하지도 않거니와 별로 이상하게도 생각지 않는다. 참으로 기이한 일이다. 당사자 자신들이나 세상 사람들 모두가 아무런 가치 판단도 없고 사랑과 미움의 감정도 없는 멍멍한 상태에 있는 것 같다.
　인간의 자연적 본성에 따르면 신의를 저버리는 자를 미워하고 악을 범하는 자를 저주하게 되어 있으나 현실은 어찌된 일인지 가혹한 배신에 대하여도, 무서운 악행에 대하여도 아무런 증오나 저주 없이 무감각 상태에 빠져 있는 것이다. 선에 대한 사랑이 없듯이 악에 대한 증오도 없다. 그저 무(無)의 감정으로 모든 것을 있는 그대로 놓고 바라볼 뿐이다. 그러나 악에 대한 무감각은 악을

키워갈 뿐이다. 그리하여 신의는 날로 타락하여 가고 범죄는 자꾸만 늘어가며 죄의식은 더욱 희박해지는 것이다.

그러나 우리는 이러한 악의 무감각 상태에서 하루 빨리 벗어나야 할 것이다. 개인 각자가 악을 느끼고 미워하는 순수한 마음을 되찾아야겠다.

신의를 저버리는 자를, 죄를 범하는 자를 마음 깊이 증오하는 인간 본성을 되찾아야겠다는 것이다.

선에 대하여는 사랑으로 받아들이는 한편 악에 대하여는 증오로써 배척하는 정열이 크게 아쉬운 것이다. 선에 대한 강렬한 사랑과 함께 악에 대한 강렬한 증오 없이는 사회정의는 있을 수 없다.

증오의 감정은 증오라는 이유만으로 배척될 것이 아니다. 미움도 사랑과 같이 가치추구이며 다만 그 대상이 주체적 가치기준에서 벗어났을 때 이를 증오하는 것이다. 증오에도 사랑과 같이 정열이 있다. 대상을 해결하고 이를 극복하고자 하는 힘찬 정열이 있는 것이다. 사랑과 미움은 한 실체의 표리관계에 있다. 미움은 반대의 것으로 바뀌어진 사랑이며 아직 그 마음속에는 사랑이 불타고 있는 것이다. 여기에 증오의 감정의 그 정당한 논리가 있고 그 진정한 의미가 있는 것이다.

그리하여 배신과 악에 대하여 증오로써 이를 극복하여야 할 이유도 바로 여기서 찾을 수 있다. 과거 위대한 이상과 주의(主義)도 선에 대한 강렬한 사랑과 함께 악에 대한 무한한 증오로써 이루어졌음을 상기할 필요가 있다. 도스토예프스키나 니체의 신에 대한 증오는 인간의지에 대한 사랑과 함께 주체적 인간의 실존사상을 낳았고 18세기 자유사상가들의 절대군주 권력에 대한 증오는 자유에 대한 사랑과 함께 민주정치를 가져왔다.

이에 우리는 인간 본성에 따라 사랑할 줄 알고 미워할 줄 알아야 한다. 순수한 양식에 따라 참된 가치를 사랑하고 반가치를 증오하는 의식이 있어야 하는 것이다. 여기에서 사회정의는 회복되고 정직하고 건전한 사회가 이룩될 것이다.

(1967. 7. 17. 법률신문)

직업과 긍지

광주 지방검찰청에서 검사로 근무할 때의 일이다. 관내 어떤 공공 조합장의 부정이 있다는 익명의 진정서가 내사사건(內査事件)으로 접수되어 나에게 배당되었다. 나는 처음 이를 검찰청 수사과에 수사하도록 했었다. 그러나 검찰청 수사과 담당 직원은 상당한 기간에도 그 부정을 제대로 캐내지 못하고 아무런 증거가 없다는 이유로 오히려 그 진정서를 낸 사람을 찾아서 무고죄로 처벌하겠다고 벼르면서 그 진정서 제출자를 탐색하는 데 열을 올리었다.

그러나 나는 그 무렵 제보 내용에 대하여 정확한 정보와 자료를 얻게 되어 이를 나에게 송치할 것을 명하고 내가 직접 수사하기 시작하였다. 진정 내용은 어떤 시설의 공사를 하지 않고 공사한 것처럼 서류를 꾸미고 설계도와 다른 공사를 하여 공사비를 착복하였다는 것이었으므로 문제의 몇 군데 현장에 들러 공사가 실제 시행되었는지와 그것이 제대로 되었는지를 알아보았다.

과연 정보대로 어느 곳에는 전혀 공사가 되지 않은 데가 있었고 또 어느 곳에서는 눈가림식으로 공사가 끝난 것처럼 되어 있기도 하였다. 나는 즉시 경찰을 시켜 그 조합의 하급 관계 직원 몇 명을 데려다가 이를 엄중 추궁하도록 했는데 그들은 사실대로 부정 내용을 밝히게 되어 수사는 급진전하고 증거도 확보되었다.

나는 경찰의 그와 같은 보고를 토대로 그 조합 관할 수사과장에게 다음날 아침까지 그 조합의 장을 연행할 것을 지시하였다. 다음날 아침 수사과장으로부터 형사에게 그자를 연행시켰다는 사실과 그날 새벽 연행하러 그의 집에 도착했을 때 그는 벌써 짐을 챙겨 도주할 준비를 하고 있어 조금만 시간이 늦었어도 연행하지 못할 뻔했다고 말하는 것이었다.

점심때쯤 그 조합의 장은 경찰에 연행되어 나의 가까운 친지와 함께 방에 들어오는 것이었다. 그는 상당한 정치경력도 있었다는 말을 들은 바 있었는데 역시 그의 태도는 조금도 꺾이지 않고 의연한 데가 있었다. 나는 곧 신문을 시작하였는데 그는 나에게 대뜸 "영감과의 전투에서 제가 결국 지고 말았습니다"라고 내뱉는 것이었다.

생각해보면 범죄수사는 그의 말대로 분명 한판의 전투라고 느껴졌다. 검사는 죄 되는 사실의 발견과 증거를 찾기 위하여, 혐의를 받은 사람은 죄 되는 사실의 은폐 변명과 증거 인멸 또는 도주를 위하여 치열한 전투를 벌이는 것이다. 그리고 그 사람은 나와의 전투에서 상당히 끈질기게 투쟁을 전개하였지만 결국 조직을 가진 나에게 패배하고 만 것이었다. 나는 경찰조직을 효율적으로 이용하였던 덕분에 그를 이겨낼 수 있었던 것이다. 그의 끈질긴 방해에도 불구하고 증거를 확보하고 결국 도망하기 전에 그를 잡을 수 있었던 것이다. 그리고 나는 그와 같이 범죄를 인지(認知) 수사할 때마다 거기에서 승자의 환희와 나의 직업에 대한 어떤 긍지를 느꼈던 것이다.

나는 20여 년간의 검사직을 사임하고 이제 변호사로 일하고 있다. 변호사로 일하기 시작한 지가 벌써 만 6년이 되었다. 그러나 검사생활에서와 같은 그러한 환희와 긍지는 거의 느껴보지 못하고 있다. 물론 변호사의 사명은 인권옹호라는 대명제로부터 여러 가지가 있으나 그것들은 나의 가슴에 깊숙하게 파고들어오지 않는 것이다. 돈을 받고 그 대가로 일하는 것이어서 그런 대의(大義)를 내세우지 못하기 때문일까?

여하튼 자기 직업에 긍지를 갖는 사람은 그 직업이 무엇이든간에 행복한 사람임에 틀림없는 것이며 나도 이제 나의 변호사라는 직업에 어떻게든 즐거움과 긍지를 느끼도록 분발해야겠다고 생각하는 것이다.

(1988. 12. 노령)

새출발

이제 고향땅 군산에서의 검사생활을 마지막으로 사표를 내고 나니 만감이 교차함을 어찌할 수 없다. 관직생활 통틀어 26년, 검사로만 22년간을 지냈으니 나의 청춘, 나의 정열을 여기에다 바치고 물러나는 것이다.

지금부터 26년 전 고등고시 합격 후 바로 23세에 관계(官界)에 발을 들여놓을 때는 온갖 꿈과 포부에 가슴이 부풀었건만 별다른 흔적을 남기지 못하고 떠나게 되니 적이 한스럽기만 한 것이다.

다만 범죄를 인지하고 수사하는 데 나의 정열을 바친 경우가 적지 않았으니 비록 높은 관직은 차지하지 못했을 망정 검사로서 일을 그대로 해낸 것이 아닌가 스스로 위로하는 것이다.

그러나 떠나야 할 때는 미련 없이 떠나야 할 것이며, 너무 관직에 연연할 것이 아니라 언제나 진퇴는 분명히 맺어야 한다는 것이 평소의 나의 신념이며, 더욱이 변호사라는 보람 있는 직업이 대기하고 있는 마당에야 변호사로서 새출발을 하는 것이 보다 떳떳하다고 생각되는 것이다. 또한 이제 나에게 있어 실제 관직생활의 매력도 사라진 것이 아닌가?

관직생활은 어떠한 사정에도 관계없이 정기보수가 나와 경제적으로 생활이 안정되는 장점이 있으며, 그러나 보다 중요한 것은 내면적으로 어떤 사명감과 긍지, 여기에서 나오는 프라이드를 가지고 살아가는 데 그 참멋이 있었던 것인데 이제 나는 그 멋을 별로 느끼지 못하니 정녕 관직생활을 떠나야 할 단계에 이른 것이 아닌가 느끼는 것이다.

이제 새로이 변호사로서의 길을 가기로 작정하고 나아가니 마음이 후련하다.

그러나 모든 것이 바뀔 것이다. 우선 직업적 입장은 완전히 바뀌어지는 것이다. 국가의 공무원이라는 전체의 입장에서 개인의 변호인이라는 개체의 입장으로 돌아가는 것이다. 이에 따라 생각도 달라져야 하고 행위양식도 달라져야 할 것인가?

그러나 하나의 인간인 이상 인간적인 것은 역시 변할 수 없는 것이 아닐까? 인간으로서 추구하는 가치는 언제나 마찬가지일 것이다. 나는 이제 변호사로서 인생의 가치와 보람을 찾아갈 것이다.

예수님은 "지극히 작은 자 한 사람에게 한 것이 나에게 한 것이다"고 말씀하시었으니 이제 지극히 작은 자 한 사람 한 사람을 위하여 헌신하기로 결심하는 것이며 이에 새로운 정열이 가슴속에 솟구쳐오는 것을 느끼는 것이다.

(1982. 9, 대한변호사협회지)

내가 느낀 변호사 직업

　올 겨울은 그동안 겨울날답지 않게 따뜻한 날씨가 계속되더니 며칠 전부터 갑자기 추워지기 시작, 오늘도 그 추위가 위세를 떨치고 있다. 하나님의 위대한 조화인 것이다.
　어제는 12월 25일 성탄절, 예수께서 이 세상을 구원하고자 천한 이 땅 위에 내려오신 날, 그리하여 천군 천사가 하나님을 찬송하여 가로되 "지극히 높은 곳에서는 하나님께 영광이요 땅에서는 기뻐하심을 입은 사람들 중에 평화로다"고 한 것이다(누가복음 제2장 14절).
　예수께서는 이 땅 위에 평화를 주시기 위하여 오셨지만 그러나 이 세상은 언제나와 같이 시비와 죄로 연속되어 있는 것 같다.
　종교적인 뜻의 시비와 죄뿐만이 아니라 법적인 뜻의 분쟁과 범죄가 홍수처럼 밀어닥치고 있는 것이다.
　변호사라는 나의 직업은 바로 그러한 시비와 죄를 당사자 대신 또는 당사자와 함께 떠맡는 것이다. 민사사건의 경우 그 시비를 떠맡아 상대방과 싸우는 것이고 형사사건의 경우 그 죄를 떠맡아 결백함을 내세우거나 관용을 호소하는 것이다.

당사자들이 혼자서는 해결하기 어려운 커다란 그리고 복잡하기 이를 데 없는 근심 걱정을 떠맡는 것이다.

인생의 길이 무거운 짐을 지고 걷는 고행길이니 혹은 무거운 바위를 높은 산꼭대기로 올려가는 과정이니 하지마는 변호사 직업은 그러한 자기 짐 외에 남의 근심 걱정, 남의 무거운 짐을 사서 짊어지고 다니는 것이다. 보수를 받으니 성직자의 일이 아닌 것은 두말 할 필요도 없고······.

그러니 변호사라는 직업은 "판·검사, 변호사의 직업이 좋은 줄 알았더니 너무 고달픈 직업이군요" 하는 어느 아주머니의 말과 같이 힘든 직업임에는 틀림없으며 더욱이 변호사 직업은 판·검사와 같이 버티고 사는 재미도 없으니 더욱 고달픈 직업이라 할 것이다.

누가 변호사업을 자유업이라 하였던가? 자유업이라 하여 마음 가벼울 것 같으나 다른 사람의 근심 걱정을 떠맡고 있으니 마음 무겁기 이를 데 없고 자유업이라 하여 자유시간이 많은 것 같으나 모든 시간이 법원·검찰에 얽매어 자기 시간이 없는 것이다.

나는 변호사를 개업, 2년 2개월을 그와 같이 지낸 것이다. 사건에 부딪치고 당사자에게 시달리다가 나도 모르게 어느덧 그와 같은 세월이 흐른 것이다.

더욱 가슴 아픈 것은 분쟁과 죄의 거의 대부분이 가난하고 약한 계층에서 일어나고 있다는 사실이다. 교통사고, 산업재해 등 민사사건이 그러하고 더욱이 형사사건의 경우에는 그들의 아들·딸 또는 형제의 죄에 대하여 변호사의 도움을 받겠다고 찾아와 그들의 사는 형편을 물어보면 많은 사람들이 전세 혹은 사글세살이에 그 벌이도 놀라울 정도로 빈약함을 알 수 있다.
　그들은 가난과 무지 속에서 범법을 되풀이하며 그때그때 삶을 이어가는 듯 느껴지는 것이다.
　그들에게서, 사는 형편으로 보아서는 도와주어야 할 그들에게서 보수를 받는다는 것도 참으로 마음 아픈 일이 아닐 수 없다.
　우리 나라 절대빈궁층이 400만 명에 이른다고 어느 신문에서 본 기억이 있다. 여기에서 많은 범죄가 일어나고 그것이 사회 불안 요인이 되는 것이 아닐까? 그들이 하루 빨리 생활안정을 얻어야 할 것이다.
　변호사에게 사건을 맡기는 것을 일상 흔히 "변호사를 산다"고 말하여 듣기 거북한 때가 있다. 그러나 여기서 산다는 말은 물건 등과 같이 변호사를 매수한다는 뜻이 아니라 민법상 고용한다는 뜻으로 쓰여지는 것이라고 생각한다.
　지금도 농촌에 가면 일꾼을 산다, 품꾼을 산다는 말을 흔히 들을 수 있는데, 그 산다는 뜻은 바로 위의 고용을 뜻하며 변호사를 산다는 경우도 이와 마찬가지 뜻이라고 생각되는 것이다. 따라서 이를 고래의 우리말이라고 이해하면 될 것 같다.

독일민법에서는 변호사에게 사건의뢰하는 것을 법률상 위임이 아니고 고용으로 인정하고 있다고 한다.

그러면 변호사 업무도 하나의 영업인가? 돈을 받고 변론하는 것이므로 영업임에 틀림없고 따라서 사업소득세를 내고 있는 것이다.

그러나 그것은 일반 영업과는 너무나도 거리가 먼 것 같다. 그 일들은 너무나 잡다하고 풀기 어려운 것들이다. 더군다나 그 하나하나의 사건은 그 사건 당사자들에게 너무나 긴박한 신상의 문제들이 많은 것이다. 그렇다고 미리 계획을 세워 처리할 수 있는 것도 아니요, 당사자들의 의뢰가 있으면 그때부터 비로소 일을 시작하여야 하는 것이다. 소위 판촉활동도 있을 수 없는 것이고……

그럼에도 불구하고 변호사는 그 일들을 의사가 스스로 환자를 진찰·치료하는 것과 달리 자기 아닌 제3자로부터 결정받는 것이며 여기에 변호사의 어찌할 수 없는 고충이 숨겨져 있는 것이다.

그러한 업무에 통상의 경제법칙이 얼마나 지배될 수 있는 것일까? 여기에 변호사업의 돈벌이 사업으로서의 한계가 있는 것 같다.

그러나 그럼에도 불구하고 변호사 직업은 우리 법치사회에서 없어서는 안 될, 반드시 있어야 할 존재인 것은 분명하다.

미미한 개인이 방대하고 잔인한 국가권력에 대항하여 자기의 인권을 찾아 살아나가기 위하여는 변호사의 법적 투쟁의 보호를 받지 아니하면 아니 되는 것이며 그리고 우리 생활의 모든 사법적 심판은 변호사의 역할이 없이는 이루어질 수 없는 것이다.
　여기에 변호사의 사명이 있고 여기에 변호사 직업의 긍지가 있는 것일까?

(1985. 2. 대한변호사협회지)

정사(情死)와 간통

　나는 5일 만에 한 번씩 영장(令狀) 담당 검사로서 관할 경찰서에서 가져오는 '변사사건(變死事件) 발생보고서'와 '구속영장 청구서'를 접하게 된다. 그 변사사건 발생보고서라는 것에는 신문 사회면 기사로는 너무나 무가치한 정사의 경우가 많다. 그러나 물에 빠져 죽은 경우 혹은 거리에서 영양실조로 죽은 경우, 정사의 경우, 모두 변사체로서는 조금도 차이가 없다. 나는 바쁜 시간에 정사하게 된 동기나 그 과정에 대하여 별로 살펴볼 필요도 없이 다른 변사체의 경우와 똑같이 경찰에 지시한다. 즉 검시(檢屍)하여 죽음의 원인을 밝히고 타살의 혐의가 없으면 시체는 유가족에게 넘겨주거나 묻어버리라고 한다. 만약 죽음의 원인이 확실하지 않으면 시체를 해부하라고 하기도 한다. 그 밖에 다른 느낌이나 생각이 있을 수 없다.
　또한 구속영장 청구에는 간통이 포함되어 있는 경우가 적지 않다. 이때는 그 남녀들이 간통하였음을 자백하였는지의 여부를 알아볼 뿐 그 동기나 과정에는 별다른 관심이 가지 않는다. 젊은 남녀에게 간통죄로 수갑을 채우고 조사하는 경우에 있어서도 또한 마찬가지이다. 그저 직업적으로 다루게 되며 별다른 감정이나 특이한 생각을 가지지 않게 된다.

두말 할 필요도 없이 정사는 젊은 남녀가 그 사이에 맺어진 사랑을 어떤 이유로 이루지 못하여 소극적으로 그 사랑을 끝까지 밀고 나가지 못한 채 단념하고 "다같이 죽자" 해서 당사자들이 자살로써 문제의 해결을 보려는 것이고, 간통은 배우자 있는 자가 적극적으로 새로운 사랑을 찾아 다른 사람과 성관계를 가지는 경우이다. 그러나 적어도 그 정사와 간통의 동기와 과정을 생각해볼 때는 반드시 죄악이라 생각하고 불행한 것으로만 바라볼 수는 없다. 오히려 그 숨은 사연을 깊이 생각해볼 때, 거기에는 아름답고 열렬한 사랑이 충만되어 있고, 그들은 무한한 행복에 젖어 있다고 생각되기도 하는 것이다.

확실히 아름답다는 것과 추하다는 것, 그리고 선하다는 것과 악하다는 것은 언뜻 생각하기에는 하늘과 땅의 차이가 있는 것 같지만 실제생활에 있어서는 반드시 뚜렷이 구별되는 것은 아닌 성싶다. 오히려 어떤 입장에서는 극도로 추하고 악한 것이 다른 면에서 보면 아름답고 선한 경우가 많은 것이다. 남녀간의 사랑에 얽힌 정사와 간통이 바로 그러한 경우이다. 따라서 정사와 간통은 어느 사회에 있어서나 똑같이 평가되고 취급되는 것은 아니다. 그 나라의 역사와 종교, 그리고 풍속에 따라 각각 다른 것이다.

　법의 입장에서 볼 때 영국, 미국 등의 나라에 있어서는 자살이 범죄가 되지마는 우리 나라를 포함한 그 밖의 다른 나라에서는 범죄가 되지 않는다. 간통의 경우에 있어서도 미국은 주(州)에 따라 다르지만 일본 같은 나라에서는 범죄로 규정되어 있지 않다. 그런데 서독과 프랑스와 우리 나라에서는 범죄로 정해져 있다. 그러나 종교적 또는 도덕적 입장에서는 자살, 즉 정사와 간통은 다같이 죄로서 인정되어 비난의 대상이 되는 것은 어느 사회에서나 마찬가지인 것 같다.

　그러면 아름답고 숭고한 사랑에서 어쩔 수 없이 일어나는 정사나 간통이 어찌하여 종교적으로나 도덕적으로 죄가 되며 지역과 국가에 따라서는 범죄행위로 인정되어 형벌까지 가하게 되는 것일까?

　현대는 연애 자유사상과 더불어 성적인 면에서도 극도로 개방되었다. 따라서 요즈음의 모든 사람들은 다른 생활에서와 같이 애정에 있어서도 다만 쾌락의 추구에 중점을 두게 되었으며, 따라서 성욕은 옛날의 죄악시하던 생각에서 신성시하는 단계에까지 이르렀다고 말할 수 있게끔 되었다. 더욱이 인간은 본래 영적 존재인 동시에 육체를 가진 존재이다. 따라서 남녀의 사랑이 항상 육체적 성관계를 갈망하는 것은 너무나도 당연한 일일는지도 모른다. 여기에 젊은 남녀가 사랑 때문에 아까운 청춘을 버리는 이유가 있고, 의젓한 가정을 가진 남녀가 간통하는 계기가 있다.

그러나 사랑은 먼저 삶을 받아들이고 그 삶에서 출발하는 것이다. 참다운 사랑은 자기의 삶을 적극적으로 발전시키고 향상시켜 꽃피우게 하는 데 그 뜻이 있다. 그러나 자살은 삶을 거부하고 삶을 포기하는 것으로 인생에 대하여 너무나 소극적·퇴폐적이다. 따라서 참다운 사랑과 자살은 인생에 대한 태도에 있어서 전혀 다르고 그러기 때문에 사랑과 자살은 성질상 서로 결합될 수 있는 것이 아니다. 그리하여 "사랑하기 때문에 자살한다"는 것은 있을 수 없는 도그머이며, 만약 있다면 그것은 그만큼 사랑이 건전하지 못하였거나 성숙하지 못하였기 때문일 것이다.

정사 사건이 보통 불건전한 직업여성과의 관계에서, 또는 아직 미성숙한 소년 소녀 사이에서 자주 발생하는 이유가 여기에 있는 것이 아닐까?

이에 반하여 간통은 삶을 긍정할 뿐 아니라 나아가 새로운 사랑을 찾아가는 의미에서 정사와는 달리 삶을 적극적으로 발전시키려는 면이 있다. 그러나 간통은 그 삶을 발전시키려는 그 동기와 방향이 불건전한 데 그 범죄성이 있다 할 것이다. 즉 순전한 허영에서, 또는 순간적인 성욕에서 벗어나지 못하고 간통을 하게 되며 그리하여 정조(貞操)의 미, 성의 질서, 그리고 가정의 안정을 파괴하게 되는 것이다.

참다운 사랑은 감정적 쾌락의 추구에서 떠나 정신적·윤리적 가치를 추구해가는 데 그 숭고한 뜻이 있다. 더욱이 인간은 육체적 존재인 동시에 영혼을 가진 존재이다. 육체적 성의 결합보다도 영적·정신적 결합을 갈구하는 데 인간다운 뜻이 있다. 여기에서 성적 결합을 뜻하는 간통은 사회질서를 위협하지 않는 한계성을 지녀야만 될 것이 아닐까?

(1967. 10. 신동아)

법정 변호인석 시비

　법원은 지난 4월 중순경 법정에서의 피고인석을 검사석 높이에는 미치지 못하지만 상당한 정도로 올리고 피고인석 옆에 변호인석을 마련하였다. 그 후 변호인들은 피고인석 옆에 마련된 자리에 앉지 않는다고 하여 비난이 있는 것 같다.
　그러나 법정에서의 위와 같은 변호인석에 대하여는 커다란 의문이 있지 않을 수 없다.
　먼저 형사소송법 제275조 3항에 변호인의 좌석은 검사인의 좌석과 대등하다고 규정되어 있고 현재 검사석은 재판장을 중심으로 하여 전방과 우측 중간에 자리잡고 있고 종전의 변호인석은 그와 대좌하여 전방과 좌측 중간에 있어 형사소송법의 위 규정에 충실하고 당사자주의 형사소송 구조에도 적합한 것이라고 생각된다.
　그러나 새로 만들어진 변호인석이라는 것은 실제 변호인석이 따로 정해져 있는 것이 아니라 피고인석을 마련하고 변호인을 그 옆에 앉으라는 것이어서 피고인석과 아무런 구별이 없을 뿐만 아니라 마치 변호인도 피고인과 함께 심판의 대상으로 착각될 우려마저 있게 되어 있는 것이다.

더욱이 동조 3항에는 더 나아가 피고인은 재판장의 정전(正前)에 좌석한다고 규정되어 있어 피고인만이 재판장의 정전에 좌석하고 그 외 다른 누구도 거기에 자리잡지 못한다는 반대 해석이 가능할 뿐 아니라 그것은 실체적 진실을 추구하는 엄정한 형사재판을 위해서도 극히 타당한 것이라고 생각되는 것이다.

또한 변호인의 피고인과의 법정 상의권과 관련하여 생각할 때 우리 나라 형사소송 체계는 당사자주의와 함께 직권주의 요소도 크게 작용하고 있어 우리의 형사법정에서는 영미법에 있어서의 소위 BARGAINING 같은 것은 없고 실지상 묵비권 행사도 행하여지지 않고 있는 점에 비추어 변호인의 피고인과 법정 상의권이라는 것은 거의 무의미한 것이고 그 본래의 효과도 기대하기 어렵다 할 것이다.

끝으로 피고인이 다수인 경우 변호인은 새로 마련된 자리를 차지하기 어렵다고 인정되고 요즈음 흉악범 등이 끊임없이 재판받고 있는 상황에서 변호인이 그 옆에 다가서 있다가 불의의 행패와 창피를 당하지 않는다는 보장도 없는 것이다.

나는 변호인 내지 변호사는 지성과 정의감을 가지고 피고인의 입장에서 실체적 진실 발견에 노력하는 것이지 절대의 사랑을 가지고 모든 범죄인과 고통을 함께 하는 성직자의 위치에는 미치지 못하고 있으며 또한 문제는 언제나 형식에 있지 않고 실질에 있다는 것을 다시금 생각해 보는 것이다.

(1988. 7. 25. 법률신문)

정의보다 중한 것

정의는 개인과 사회가 추구하는 최고의 가치이다. 그것은 개인에게는 행동의 지표가 되고 사회에서는 지배의 원리가 된다고 할 수 있다. 그러나 그럼에도 불구하고 정의의 내용은 지극히 상대적이다. 그것은 시대에 따라, 사회에 따라 혹은 주체적인 개인에 따라 얼마든지 달라지기도 하는 것이다.

정의는 그러한 속성 때문에 언제나 대립과 투쟁이 예상되며 따라서 정의는 자기 실현을 위하여 투쟁에서의 승리, 즉 힘의 뒷받침이 있어야 하는 것은 당연한 귀결이라 할 것이다.

그리하여 독재자가 온갖 불의를 자행하면서도 힘을 뒷받침하여 정의의 간판을 내세울 수 있는 것은 바로 그러한 이유 때문인 것이다.

그렇게 보면 정의만이 개인과 사회의 최고의 가치이다 라는 명제는 문제가 있지 않을 수 없다.

그러면 인간에게 있어 정의보다 중한 가치 있는 것은 어떤 것일까?

그것은 먼저 개인과 사회의 존립 기초가 되는 평화가 아닌가 생각된다. 평화와 안정이 없이 인간생활이 지탱되어질 수 없는 것이 아닐까?

민주정치에서 그 근본인 다수결의 지배가 오히려 다수의 횡포라고 비난되고 타협의 원리가 찬양되는 것은 바로 그러한 정의의 주장에 따른 대립과 투쟁을 극복하고 평화를 이룩하자는 데 있다고 할 것이며 법의 영역에서 시효제도가 있어 일정한 사실상태가 계속될 경우 그것이 법적 권리에 우선케 하고 심지어 범죄자의 처벌을 불가하게 하는 것은 정의보다도 평화를 존중하자는 데 그 취지가 있는 것은 너무나 명백한 것이다.

재판에서의 최악의 화해가 최선의 판결보다 낫다는 주장 역시 그러한 뜻이 있는 것은 두말 할 필요가 없다.

우리 인간생활에 있어 정의보다 중한 것은 평화와 함께 또 어떤 것이 있을 것인가.

그것은 개인과 개인을 잇고 인류로 이어가는 사람의 가슴속에 있는 사랑이라는 것이 아닐까?

우리의 형법을 보면 일정한 혈연관계에 있는 사람들 사이에서는 그들 사이의 죄를 벌하지 않고 있는데 그것은 정의보다도 그들 사이의 인륜과 사랑의 가치를 우위에 두고 있기 때문이라고 생각되고, 범죄자에 대하여 어떤 사정이 있을 경우 관용을 베풀 것을 허용하는 것도 사랑으로 용서하자는 것이며 또한 종교의 영역에서 볼 때 기독교에서는 사랑을, 불교에서는 자비를 최고의 가치와 이상으로 하고 있고 어떻게 보면 정의의 내용을 사랑 혹은 자비로 해석하고 있다고 할 것이다.

　기독교에서 정의는 강자가 약자의 입장을 '이해하고', '주며', '용서하는' 것을 그 내용으로 하고 있는 것은 바로 그러한 관계를 나타내는 것이 아닐까?

　요즈음 우리 국민 다수는 각자 자기 나름의 가지가지의 정의를 내세워 이를 과격하게 주장하고 있다. 여기에서 개인간의 대립, 계층간의 투쟁이 만연되어 개인간에는 불화가 심화되고 사회 전반에 불안이 휩싸여지고 있다. 참으로 안타까운 일이다.

　그러나 이제 우리는 정의의 주장과 함께 우리 가슴속 사랑으로 서로 이해하고 사회 평화를 생각해보는 것이 어떨는지? 각자가 깊이 자성해보아야 할 단계인 것 같다.

(1989. 7. 13. 전북일보)

5
괘씸죄

법과 눈물

"법에 눈물이 있느냐?" 하는 의문 섞인 말을 듣는 경우가 많다. 법은 인간의 차디찬 이성의 소산이요, 따라서 법은 냉엄한 것이며 눈물은 뜨거운 것으로 표현되기 때문에 냉엄한 법에 뜨거운 눈물이 있을 수 없다는 뜻으로 말해지는 것이다. 그리고 여기서 눈물이라 함은 어느 경우에는 동정을 뜻하고 어느 경우에는 관용을 뜻한다고 할 것이다.

그러나 법의 근본을 따져볼 때 그것은 인간이 인간 자신의 사회를 규율하기 위하여 만든 것은 물론, 그것은 또한 인간에 의하여 운영되는 것이다. 그리고 그 인간의 본성은 차디찬 이성뿐만이 아니라 뜨거운 사랑도 깃들어 있는 것이다. 그렇게 볼 때 법은 다시 말해서 휴머니즘의 표현이라고도 할 수 있다. 그러기 때문에 법규정 자체에도 그러한 인간적인 온정이 스며 있는 것은 말할 것도 없고 그 운영에 있어서도 따스한 이해와 사랑이 있으며 또한 있어야 마땅한 것이다.

  또한 법은 정의를 그 내용으로 하고 있다. 범죄에 대하여 응분의 형벌을 과하는 것이 정의인 것이다. 그것이 고전적 의미의 정의, 즉 "각자에게 그의 것을 준다"는 배분적·응보적 정의인 것이다. 그러나 정의는 반드시 응분의 대가나 처벌만은 아니다. 기독교적 정의관에 있어서는 정의는 상대방의 사정을 '듣고', 상대방에게 부족한 것을 '주며' 또한 상대방의 과오를 '용서'하는 것을 그 내용으로 하고 있다. 소위 아가페적 사랑을 그 내용으로 하고 있는 것이다. 여기에 또한 냉엄한 법과 뜨거운 사랑이 결합되는 계기가 있는 것이다.

  따라서 범죄에 대한 엄중한 처벌도 정의라 할 것이지만 또한 범죄자의 정상에 따라 이를 관용하는 것도 정의의 단편이라고 할 것이다.

  요즈음 형사법 운영에 있어서 기소유예 제도의 활용이라는 것은 바로 법에 있어서의 그러한 뜨거운 사랑, 뜨거운 눈물이라고 이해하여야 할 것이다.

  그러나 현실에 있어서 특정의 범죄자에 대하여 과연 사랑으로서 관용하여야 할 것인가를 결정하는 문제는 사회의 질서라는 또 다른 문제와 관련하여 지극히 어려운 일이 아닐 수 없는 것이다.

(1977. 3. 2. 동아일보)

법보다 양식(良識)

  우리 나라는 현재 정치상황이 크게 변화되어 그에 따른 민주헌법을 만드는 데 고심하고 있다.
  물론 민주사회를 건설하는 데에는 이를 뒷받침할 민주헌법이 제정 시행되어야 할 것은 두말 할 것도 없다.
  그러나 민주적인 법이 제정된다고 하여 그에 따라 곧 민주사회가 이루어지는 것은 결코 아니다. 문제는 그 법이 올바르게 시행되느냐 하는 것이다.
  법은 국민적 총의를 그 정당성의 근거로 하고 있으나 사실적인 물리적 힘에 의하여 그 효력이 뒷받침된다. 따라서 법의 올바른 운영은 사실적인 힘을 가지고 그 시행에 임하는 자의 민주적 양식에 달려 있다고 할 것이다.
  그뿐만이 아니다. 법은 그 성질상 천태만상의 인간행위와 사회상을 전부 규율할 수가 없으며 따라서 법이 규정하지 않는, 법이 규정하지 못하는 문제는 역시 이를 운영하는 자의 양식에 맡겨질 수밖에 없는 것이다.

이에 따라 법이 아무리 완벽하게 제정된 경우라 하더라도 그 시행을 맡은 사람이 건전한 양식을 저버리고 물리적인 힘을 과시하여 횡포를 부릴 때 그 법은 악법이 되고 말 것이다.

반대로 법이 불완전하거나 심지어 법의 규정이 없는 경우라도 그 시행을 맡은 사람이 양식에 따라 이를 보완, 시행해나간다면 그 법은 선정의 기틀이 될 것이다.

더욱이 인간생활은 그 성질상 법으로 규정할 수 없는 도덕적·관습적 영역이 있으며 여기에서는 법이 작용할 여지가 전혀 없고 오직 인간의 양심만이 지배하는 곳이다.

그리하여 법치사회에 있어서 민주주의를 실천하는 데에는 법의 내용도 중요하지만 그보다는 이를 운영하는 사람의 양식 내지 양심이 더욱 중요하다는 것은 우리의 쓰라린 헌정사가 웅변으로 이를 말해주고 있는 것이 아닐까?

(1980. 4. 17, 전북신문)

법과 도덕

　법은 통상 도덕 내지 도의를 기초로 하고 있다. 즉 법은 도덕적으로 보아 반인간적인 행위, 반사회적인 행위를 금하고 이를 위반할 경우에는 벌을 과하는 것이다.
　그러나 법은 경우에 따라 도덕 내지 도의와 어긋나며 서로 저어(齟齬)되는 때가 있다. 어떤 행위가 도덕적으로는 크게 가치 있는 경우에도 법적으로는 죄책을 면하기 어려운 경우가 있는 것이다.
　작년 서울고등법원 재판에 관여했을 때의 일이다. 30대의 시골 청년이 도덕적으로 크게 칭찬받아야 할 행위를 하였음에도 불구하고 법정에 서서 재판을 받고 있었다.
　그가 재판받는 사연은 이러하였다. 그는 날이 어두어질 무렵 산모퉁이를 돌아 귀가하고 있을 때 부근 산언덕에서 여자의 비명소리가 들려왔다. 급박한 비명소리였다. 그는 그곳으로 달려가 보았던 바 불량배 두 명이 시골 처녀 한 명을 상대로 막 강간하려 달려들고 있었고 그 처녀는 이에 반항하여 발버둥이치는 것이었다. 그는 거의 본능적으로 주위에서 나뭇가지를 주워들고 불량배들을 향하여 내리쳤던 것이며 그리하여 불량배 한 명이 큰 상처를 입었던 것이다.

J 재판장은 이러한 사안에 대하여 가장 가벼운 형벌인 선고유예의 판결, 그러나 엄연한 유죄판결을 내리면서 그에게 앞으로 또 그런 범행을 보게 될 때 주저하지 말고 그와 같은 놈들을 두들겨 패도 좋다는 말을 덧붙이는 것이었다.

J 재판장의 그 말은 극히 역설적인 것처럼 느껴졌다. 그의 판결과 그의 말은 서로 모순되는 것이었다. 그러나 그 시골 청년의 의협적인 행위는 그에 대한 법의 판단은 어떻든 도덕적으로 높이 평가되고 권장되어야 할 것이라는 것은 누구도 부인할 수 없는 것이었다. 법과 도덕과의 아이러니컬한 충돌이었다.

도덕은 법보다 약한 것이나 도덕은 또한 법보다 강한 경우가 있는 것이었다.

(1980. 5. 10. 전북신문)

거짓말

　유죄와 무죄, 그것은 분명히 하늘과 땅 차이다. 심판받는 그 개인에게 있어서는 전운명적인 문제이다. 그러나 그것이 신이 아닌 인간에 의하여 심판되고 있다. 유한한 지혜와 능력으로 심판되고 있는 것이다. 그리고 그 심판은 주로 사람의 증언에 따라 이루어진다. 극히 이기적인 동물의 제약 없는 진술에 따라서 이루어지는 것이다.
　따라서 그 사람의 증언이 거짓일 경우 올바른 심판은 처음부터 뒤흔들리지 아니할 수 없다. 증거법(證據法)이 하나의 도움이 되겠으나 절대적인 것은 아니다. 유한한 능력의 인간이 이기적인 인간의 간교한 위증을 가려내기란 지극히 어려운 것이다. 여기에 심판의 어려움이 있고 여기에 사법(司法)의 고민이 있다.
　어느 한 가지 사실에 대하여 어느 증인은 이를 분명히 보고 들었다고 증언하나 다른 증인은 전혀 그러한 사실 자체가 없었다고 주장한다. 그 수많은 민·형사사건에 있어서 거의 한결같은 현상이다. 기억은 의지의 심부름꾼이라고 하나 그렇다고 그와 같이 엉뚱하게 상반될 수 있을까.

물론 증인들은 만약 거짓말을 하면 위증의 벌을 받을 것을 경고받고 있다. 그러나 그 경고는 커다란 힘을 발휘하지 못하고 있는 것이 현실이다. 진실과 거짓 증언의 문제는 결국 정신적인 종교적 신앙, 그리고 사회적 풍토와 결부되어 있는 것이 아닐까? 신이 없는 신은 이미 죽었다는 현대에 있어서 신의 형벌에 대한 두려움은 이미 사라진 지 오래이고 물질적 가치 이외에 달리 가치관념이 희박한 현실에 있어서는 거짓말쯤 하는 것은 벌써 양심과 별다른 마찰을 가져오지 않는 것이다. 그리하여 거짓말은 재판에 있어서의 증언에 한하지 않는 것은 두말 할 필요도 없다. 법의 제재가 없고 오직 신의와 도의에만 맡겨지고 있는 일반 사회생활에 있어서 거짓말이 더욱 판을 치고 있는 것은 다같이 체험하는 일이다.

약속을 어기는 것도 어느 의미에서는 거짓말의 하나의 형태이다. 약속은 지켜져야 한다는 것은 인간의 사회생활의 기초이고 법의 기본이기도 하다. 그러나 오늘날 현실은 약속은 지켜져야 한다는 관념조차 찾아보기 어려운 것이다. 법도 하나의 공동의 약속이라고 할 때 이러한 현실적 상황에서 법의식이 땅에 떨어져 있음은 너무나도 당연한 결과일 것이다.

어느 한 사람의 말과 약속은 그 개인의 자기 목적적인 것에 그치지 않고 그의 상대방과 사회에 그와 또 다른 생활의 기초를 제공한다. 여기에서 사회적인 또는 경제적인 연쇄적 신뢰관계가 이루어진다.

따라서 그 한 사람의 말이 거짓이고 그의 약속이 지켜지지 아니할 경우 사회 전체의 신뢰관계가 송두리째 무너지게 되는 것이다. 한 장의 부도수표가 그 후 수십 장 혹은 수백 장의 부도수표를 유발하는 것은 우리가 눈으로 볼 수 있는 한 가지의 사례이다.

진실한 말은 때때로 인간의 다른 가치와 마찰되는 경우가 있다. 어느 사람이 그와 불가분의 신분적 혹은 사회적인 의리관계에 있는 다른 사람의 문제에 대하여 어떻게 말하여야 할 것인가?

귀중한 두 개의 가치가 정면으로 충돌하는 것이다. 그러나 여기에서도 정의를 그 명분으로 하는 법은 사사로운 의리에게 정의의 한 모습이라고 할 진실을 위하여 양보할 것을 요구하고 있는 것이다.

(1973. 12. 24. 중앙일보)

괘씸죄(罪)

　괘씸죄라는 말을 가끔 듣는 경우가 있다. 괘씸죄란 물론 어떤 행위가 엄격하게는 법의 저촉을 받는 것은 아니나 다만 그것이 괘씸하다 하여 죄를 씌워 벌을 주는 것이다.
　우리가 사는 지금의 사회는 법에 의하여 다스려지는 문자 그대로의 법치사회이기 때문에 이론상으로 괘씸죄라는 것은 문제될 여지가 있을 수 없다. 그러나 그럼에도 불구하고 현실적으로 그것이 이따금 세간의 논의의 대상이 되고 있는 것은 부정할 수 없는 것이다.
　오늘날에 있어서 죄와 벌은 전부 미리 법으로 정해놓은 소위 죄형법정주의라는 것이 있어서 사람의 어떤 소위이든 그 법의 규정에 어긋나지 않는 한 아무런 죄책이 있을 수 없다. 그러나 법이라 하여 인간생활의 복잡한 천태만상을 빠짐없이 예상하고 규정할 수 없는 것이어서 그 법 규정은 항상 애매모호한 것이 있는 것이며 여기에서 권력을 쥔 자는 자기 편의에 따라 이를 해석 운영할 틈바구니가 있는 것이다.

그뿐만이 아니다. 법을 실제 취급 운영하는 사람 역시 전인격의 소유자일 수는 없고 독단과 감정을 가진 인간이어서 경우에 따라 자기 특유의 독단과 감정에 치우쳐 자기류의 법해석을 하여 무고한 사람에게 괘씸죄를 씌우는 우(愚)를 범하지 않는다고 단정할 수 없는 것이다.

그러나 괘씸죄 문제는 그것에 그치는 것이 아니다. 우리가 가장 두려워해야 할 것은 언론의 자의적(恣意的) 심판이라 할 것이다. 신문, 라디오 등 온갖 매스 미디어는 어느 사건이 발생하면 어느 누구에 앞서 그들 스스로 그에 대한 자의적 심판을 서슴지 않고 단죄까지 하는 경우가 허다하며 그것은 경우에 따라 여론재판으로까지 이끌어가기도 한다. 여기에서 법의 규정은 아예 그 모습을 찾기조차 어려운 형편이 되고 마는 것이다.

그러나 우리 법조인은 이러한 주변 사정에서 시급히 벗어나야 할 것이다. 온갖 지혜와 용기를 돋우어 저 원시적인 괘씸죄라는 이름의 망령을 영원히 추방하지 아니하면 아니 될 것이다.

(1978. 9. 13. 동아일보)

대리 복역

　나의 사무실에는 거의 날마다 두세 통의 진정서가 날아 들어온다. 그리고 그 진정서 내용은 대개 범인 XX를 엄벌해달라든가 혹은 XX가 억울하게 갇혀 있다든가 혹은 돈을 받게 해달라든가 등등이다.
　그러나 며칠 전에 받은 한 통의 진정서는 그 내용이 특이하고 진기한 것이었다. 진정인은 자기 동생과 함께 상대방인 피해자를 때려 죽음에까지 이르게 하였다는 죄목으로 재판을 받았는데 자기는 집행유예로 풀려나고 동생은 실형이 선고되어 현재 징역살이를 하고 있는 바, 실제 자신이 그 범행의 주범이고 동생은 아무런 죄가 없는데 징역살이를 하고 있으므로 자신으로 하여금 동생의 징역형을 대신 복역하게 하고 동생을 석방해달라는 애절한 호소였다.
　기록을 살펴보았더니 진정인은 1심에서 징역 2년에 4년간 집행유예, 동생은 1심에서 징역 3년을 선고받고 항소하여 2심에서 징역 2년 6월을 선고받아 확정되어 있었다. 판사는 이 형제들의 죄의 경중을 잘 가리고 따져서 진정인을 집행유예로 석방하고 동생에게는 실형을 선고하였음이 틀림없는 것이다. 그러나 객관적 사정이 그러함에도 불구하고 진정인은 자기가 그 범행의 주범이라고 주장하면서 동생은 억울하니 자기가 동생을 대신하여 징역살이를 하겠다는 것이다.

비록 그들의 죄상은 가증한 것이겠으나 그러나 진정인의 그와 같은 호소는 지극히 갸륵한 것으로 느껴졌다. 그와 같은 몰아적인 희생, 그것은 아무리 형제 사이라 하더라도 메마를 대로 메마르고 각박할 대로 각박한 이 세정에서 찾아보기 어려운 인정가화(人情佳話)가 아닐까.

물론 법은 진정인의 그러한 아름다운 뜻을 이루어줄 수는 없는 것이지만……

(1980. 5. 16. 전북신문)

사랑과 범죄

　사랑은 사람의 행복을 만드는 절대의 열쇠다. 특히 남녀간의 애정은 그 본질인 정신적인 것에 그치지 않고 항상 현실적인 요청을 안고 있다. 즉 육체적 욕구와 결혼, 그리고 가정이라는 문제가 결부되어 있는 것이다. 그러기 때문에 애정은 때때로 인간에게 행복 대신에 무서운 비극을 가져오기도 한다.
　그러한 비극은 둘이서의 사랑을 현실에서 이루지 못함을 비관하고 포기하여 자살하는 정사의 경우가 그 하나이고, 어느 한쪽이 다른 한쪽을 일방적으로 사랑한 끝에 결과되는 강간 또는 살인의 경우가 그 둘째이며, 배우자 있는 남녀가 다른 남녀와 정을 통하는 간통이 그 또 하나의 경우이다.
　그러나 앞에와 같은 경우가 진정 순수한 사랑으로 인한 범죄와 비극이냐 다시 한 번 생각해볼 때 나는 이를 당연히 부정하지 않을 수 없다.

무릇 사랑은 어디까지나 적극적인 생의 긍정이나 자살은 소극적인 생의 부정이라는 점에서 사랑하기 때문에 자살한다는 논리는 아예 있을 수 없다. 그뿐만 아니라 현실적으로 그만한 사랑의 의지만 있다면 그에 대한 어떠한 장애도 얼마든지 극복할 수 있을 것이므로 정사할 이유가 없다. 따라서 정사는 건전한 사랑 아닌 퇴폐적 감상의 결과라고 할 것이다.

소위 짝사랑으로 인한 범죄에 대하여는 처음부터 그것이 과연 진정한 사랑이냐 하는 문제가 제기된다. 무릇 사랑은 맹목적이기 때문에 아무런 조건이 있을 수 없고 공생적이기 때문에 상대방과의 일체적(一體的) 결합이 그 절대요소라고 할 것이나, 그러나 진정한 사랑은 자기 희생이 또한 그 본질적 내용이라고 아니할 수 없는 것이다. 더욱이 에로스적 사랑의 현실에 있어서는 상호 가치 추구라는 것이 더욱 중하다고 아니할 수 없으며, 따라서 청춘남녀의 현실적 사랑은 적어도 결혼과 가정을 상정하는 한, 주관적으로나마 등가관계(等價關係)가 유지되어야 이루어진다는 것은 어찌할 수 없는 것이다.

그러므로 요즘 때때로 일어나는 소위 짝사랑에 기인되었다는 강간 또는 살인은 사랑의 본질과는 너무나도 거리가 먼 순연한 악성(惡性)과 성욕만에 의한 범죄라고 규정할 수밖에 없는 것이다.

그러나 간통의 경우는 여러 측면에서 고찰해볼 필요가 있다. 간통하는 당사자만의 입장에서 볼 때는 그 주위야 어떻든 이를 순수한 사랑이 아니라고 부정할 이유도 없다.

어느 문인의 말대로 간통이 인간적인 면에서 기존의 형식적인 결혼과 가정이라는 기틀에서 벗어나 새롭고 참다운 삶을 찾아간다는 진정하고 적극적인 의미가 있는 경우라면 이는 자기 부정적인 범죄와 비극이 아니라 오히려 새로운 자기 발전이라고 할 수 있을 것이다. 그러나 그것이 단순히 일시적 허영과 정욕으로 인한 경우라면 남는 것은 오직 파멸과 허무뿐일 것이다. 그리고 간통을 다른 측면, 즉 당사자 아닌 배우자의 입장에서 볼 때 그것은 용서하지 못할 사랑의 배신이며 사회적인 면에서 볼 때 그것은 성과 가정의 질서에 대한 중대한 침해라고 말하지 아니할 수 없다. 따라서 미국의 여러 주에서는 간통이 범죄가 되지 않으나 우리 나라에서는 그것이 범죄로 규정되고 있는 것은 바로 이러한 간통의 이중성에서 오는 결과인 것이다.

그러나 간통이 죄가 되는 사회에서 사랑하여서 간통한다는 이론은 그 이유야 어떻든 용납될 수 없다는 것은 두말 할 필요도 없다.

(1973. 12. 3. 중앙일보)

다양성 속에서의 통일

　미국에 가면 누구나 그 다양성에 놀라지 않을 수 없다. 먼저 미국민 자신들이 다양한 민족으로 이루어졌다. 콜럼버스가 그 신대륙을 발견한 후 지구의 도처에서 헤아리기 어려운 많은 인종이 새로운 꿈을 싣고 이 신세계로 찾아온 것이다.
　따라서 미국민은 영국, 독일, 프랑스, 이탈리아 등 서구의 인종뿐만 아니라 중국, 일본, 한국 등 동양에서 밀려온 인종, 아프리카의 흑인 등 잡다한 인종 내지 민족으로 이루어져 있는 것이다. 미국의 국호가 미합중국(United States Of America)으로 되어 있는 것도 이러한 사정에 연유된 것으로 생각된다.
　그뿐만 아니라 미국민의 사회생활을 지배하는 정치제도와 법체제도 또한 다양하다. 미국을 이루는 50개 주는 그 주대로 각각 고유의 주정부가 있어 의회, 행정부, 사법부가 엄연히 있으며 그들 주정부는 그 주의 실정에 알맞게 각각 다른 특유의 법률을 만들어 시행하고 있는 것이다. 따라서 A주에서 죄가 되는 행위가 그 인접 B주에서는 처벌되지 않는 경우가 허다한 것이다. 다만 연방정부는 연방헌법에 의거 국방, 외교 기타 주 전체의 관련사항만 다루고 있을 뿐이다.

미국사회의 다양성은 그에 그치는 것이 아니다. 미국민의 생활양식도 또한 각양각색인 것이다. 미국민이 다양한 민족으로 이루어졌기 때문에 그들의 의식(衣食) 등이 각각 다른 것은 당연한 귀결이거니와 특히 눈에 띄는 것은 그들의 의복 빛깔이 잡다하여 혹간 그들의 군중집회에 나가보면 문자 그대로 오색이 찬연하게 빛나는 것이다.

그러나 그 다양성 속에도 통일이 있다. 그 어지러울 듯한 복잡성 속에서도 엄연히 질서가 있는 것이다. 2억이 넘는 인구가 광대한 대륙에서 그 통일과 질서 속에서 참된 민주주의를 실천하고 있는 것이다.

그러면 그 통일과 질서는 무엇으로 어떻게 이루어지고 있는 것일까? 잡다한 인종으로 이루어졌기 때문에 미국민에게는 공통된 민족적 전통도 이념도 없었다. 공통된 문화가 있는 것도 아니다. 그러나 그들에게는 법과 양식이 있는 것이다. 법이 있고 양식이 있을 뿐만 아니라 그 법을 양식에 따라 만들고 양식에 따라 지켜가는 것이다.

인간의 양식이 발휘될 때 법도 법으로서의 가치와 기능이 더욱 발휘되는 것이다. 여기에 미국민의 위대성이 있고 여기에서 미국의 민주주의가 꽃피는 것이다. 법도 중요하지만 역시 인간의 양식은 더욱 중요한 것이다.

(1975. 1. 27. 전남매일신문)

행협발효(行協發效) 한 돌

　문자는 관념의 소산이다. 따라서 그것은 사람의 관념과 입장에 따라 그 뜻을 각기 달리 이해하는 경우가 있다. 특히 영어 단어는 그 뜻이 광범위하여 그러한 경우가 허다하다.
　한·미형법형사재판권 조항이 발효된 지 만 1년 동안 그 운영에 있어 별다른 일이 없었으나 한 가지 그 조문해석에 있어 한·미간에 서로 다른 견해 차이를 보이고 지금까지 미해결된 것이 있다. 즉 커스터디(Custody)의 해석이 바로 그것이다. 우리 나라 당국에서는 이를 구속으로 보는 반면 미국 당국에서는 이를 금족(영외출입금지)까지 포함하는 것으로 해석하려는 것이다. 그리하여 미군 당국에서는 지난번 콕스 하사의 방화등 사건에 있어 동인은 이미 미군 당국에서 금족되어 있으므로 다시 구속될 수 없다고 주장하였고, 로크 중위의 밀수사건에 있어서는 한국 당국이 동인을 구속하였으나 미군 당국은 그 신병인도 요청을 하여 인도받은 후 즉시

금족상태에 둔 것으로 알려졌다.

그러한 근본 원인은 무엇보다도 영어의 다의적 해석에 있다. 영어의 한 단어에 엉뚱하게 다른 뜻이 포함된 경우가 허다한 것이다.

커스터디만 하더라도 그 본래의 뜻은 보호·보관을 의미한다. 따라서 행협규정의 커스터디를, 극단적인 경우 그와 같은 보호·보관의 뜻으로 해석한다면 아무런 의미를 가질 수 없을 것이다. 그러나 행협은 국가간의 법규범이며 커스터디가 그러한 법규정의 하나가 된 이상 그것은 어디까지나 법의 입장에서 해석되어야 할 것이다. 수사기관이 범인을 일정한 시설에 감금하는 것은 증거인멸이나 도주의 염려를 없애는 데 있다. 그러나 금족은 그것이 영외출입금지만을 의미하는 한, 증거인멸의 염려는 그대로 남아 있고 더욱이 미군 당국이 모든 미군 범인을 한국 당국이 구속하기 전에 미리 항상 금족 조치만 해버리고 만다면 한국 당국의 구속권은 유명무실하게 되는 것이다.

한·미행협의 근본 취지는 미군 범죄에 대한 공정한 심판에 있고 공정한 심판에 이르기 위해서는 올바른 수사가 선행되어야 한다.

이에 미군 당국은 일방적으로 조문(條文) 용어의 한 가지 뜻에 집착하고 자기 나라 군인의 인권보호에 너무 치우친 나머지 미군 범죄에 대하여 올바른 수사와 공정한 심판을 그릇되게 하여서는 안 될 것이다.

(1968. 2. 9, 중앙일보)

양형과 사회정의

 지난 10월 6일 서울지방법원 형사합의 23부는 거액의 뇌물을 받은 전직 은행 총재에게 실형을 선고한 것은 물론, 그에게 2천만 원 내지 5천5백만 원의 뇌물을 준 기업주들에게 징역형과 집행유예, 벌금 2천만 원 또는 1천만 원을 선고하였으며, 일부 신문은 법원의 위와 같은 기업주에 대한 형의 선고에 대하여 일면에 대서특필하여 극히 이례적인 것으로 크게 보도하고 그에 대한 해설기사까지 실은 것이다.
 실제 법원의 양형은 그동안 항상 문제가 제기되고 논의되어 왔거니와 특히 부를 가진 자와 갖지 못한 자, 권력을 쥔 자와 그렇지 못한 자들의 범법에 대하여 그 형량의 차이가 너무나 현격하고, 그 결과 부나 권력을 누리던 자들이 그들의 범법에 대하여 실형선고를 받고 복역한 사례가 거의 없었던 것이며, 그리하여 서울의 어느 재판부는 1년여 전에 일부 권력층에 있던 자들에 대하여 법률상 석방이 어려웠던지 자수의 개념을 확대해석까지 하여서 소위 자수 감경하여 집행유예의 석방 은전을 베풀었다고 비난된 바 있었고, 위의 사건에 있어서도 검찰은 거액 뇌물공여 기업주에 대하여 기껏 벌금 1백만 원을 구형하면서 약식 처리하였다는 것인 바, 지금까지의 법원 검찰의 부를 가진 자, 권력을 쥔 자에 대한 처벌은 그와 같이 관용일변도였던 것이며, 그리하여 사법부는 기득권층의 권익 옹호에 급급하다느니 또는 유전무죄 무전유죄라는 좋지 않은 낱말까지 유행하게 되었던 것이다.

이러한 현실 상황에서 10월 6일의 서울지법 형사합의 23부의 전시 판결은 극히 이례적이고 획기적인 것이어서 사법부의 양형에 일대 전기를 가져온 것으로 인정되는 것이다.

두 말할 것도 없이 법의 최고 이념은 형평 내지 공평이라 할 것으로 법치주의의 원칙상 법이 모든 국민에게 공평하게 적용되어야 할 것은 너무나 당연하고 여기에 법의 가치와 권위가 유지된다 할 것으로, 그렇지 않고 법이 강자의 무기 또는 방패로서만 전락할 때 그 사회는 약육강식의 결전장이 될 것은 너무나 명백하다 할 것이며 또한 법은 항상 정의를 그 내용으로 하고 있는 것으로 그 교과서적 내용에 따라서도 「각자에게 그의 것을」 주어야 정의가 실현된다는 것인 바, 그렇지 않고, 범법자의 범죄의 양과 질에 따라 형량이 주어지지 않고 사회적 지위의 강약에 따라 그 형량이 차별지어질 때 그 사회의 불의는 심호되고 사회적 갈등이 격화될 것은 명약관화하다 할 것이다.

우리 국민이 일제로부터의 해방 이후 또는 6·25전쟁 이후 가난에 허덕이면서 일부 국민이 그 생존(?)을 위하여 어쩔 수 없이 부에 아부하고 또는 권력에의 접근을 추구하면서 살아왔고, 그러는 가운데 구미사람들로부터 「쓰레기장에서 장미꽃이 필 수 있느냐」, 「권력을 쫓아 들쥐처럼 몰려 다닌다」는 등 온갖 국민적 모욕의 말을 들어 왔던 것인 바, 이제 우리 국민도 1만불 소득수준에 올라서게 되었으므로 이제부터는 국민 각자가 자존심과 긍지를 가지고 보다 진실한 삶, 보다 정의로운 삶을 지향하고 추구하여야 마땅할 것으로 생각되는 것이다.

물론 우리나라가 민주자본주의 사회로 발전, 성숙해 감에 있어서 그 발전과 성숙이 자본가 내지 기업주의 부의 축적을 위한 피나는 노력과 고위관료의 뛰어난 행정력으로 이루어진 바 크다고 할 것이며 이를 높이 평가하지 않을 수 없는 것이나, 그렇다고 하여 그것으로 그들이 수단 방법을 가리지 않고 부를 축적하고 지위를 유지하려는 「탐욕」을 그대로 용납할 수 없는 것이며 오히려 그들 사회적 강자가 이제 허심탄회하게 탐욕을 버리고 사랑으로 교만을 버리고 겸허하게 나아갈 것이 기대되고, 그렇게 될 때 우리나라의 자본주의 사회는 더욱 민주적으로 크게 발전해 갈 것이다.

이제 우리 사법부도 그 본연의 사명에 입각하고 법의 이념에 충실하여 정의의 수호자로서 공평하고 올바른 법 적용과 심판을 하여야 할 것이라고 확신하는 것이다.

(1995. 10. 12. 법률신문)

인생의 예술화

우리 인간의 현실생활을 예술화할 수는 없을까? 예술이 미를 추구하는 것이라면 우리의 현실생활을 예술처럼 미화할 수 없을까. 우리의 생활을 예술화한다면 우리의 생활에 그림자처럼 따라다니는 그 비극과 고통은 없어질 것이 아닐까?

우리의 생활이 연예나 쇼로 이루어져 나타난다면 그것은 인생의 예술화가 되는 길일 것이다. 인생이 미화되는 길일 것이다. 현실생활이 찬란한 무대 위에서, 그리고 음악의 흐름 속에서 진행되어 간다면 아름답고 즐거운 것이 될 것이다. 거기에 유머와 풍자 그리고 위트가 이어질 때 관객은 물론 출연자인 생활인 자신도 흥과 즐거움이 있을 것이다.

지금 그것은 나의 가상적인 이야기가 아니다.

그것은 실제 미국이라는 나라에서 일어나고 있는 일인 것이다. 1981년 9월 7일자 《타임즈》지에 그러한 실생활의 연예화가 이루어진 재미있는 법조 기사가 실감 있게 실려 있다.

원고는 바인더스 시소 스타일링이라는 미장원의 주인 카사리나와 맥스바인더이고 피고는 래이 카손과 그의 12세 된 딸 미첼리인데, 카손이 그의 딸 미첼리가 어느 날 오후 카사리나 등의 미용실에서 한 파마 대금 43달러를 지불 거절한 데 대하여 실제의 재판이 무대 위에서 이루어진 것이다.

그러한 사건은 대표적인 소액청구사건으로 소송 당사자들은 그것을 실제의 법정에서 다루는 대신 '국민의 법정'이라 불리우는 새로운 쇼의 텔레비전 스튜디오에서 해결하기로 합의한 것이다.

그 소송 당사자들은 스크린 뒤에 숨겨진 카메라에 담겨져 변호사 없이 재판관 앞에서 자기 주장을 펴는 것이며 카손은 그 파마가 그날 밤 미첼리의 생일 파티 동안에도 견디지 못하고 풀어졌다고 주장했다.

그리고 소위 가장 활기찬 장면은 증거조사가 진행되는 때이다. 61세의 조셉 와푸너 재판관은 로스앤젤레스 소액사건법원에서 20년간의 판사 경력을 가진 은빛 머리를 한 퇴직 법관이며 그의 판결은 당사자들이 실제 법정에서의 소송 수행의 권리를 포기하였기 때문에 최후적인 것이다.

그 쇼의 오직 한 명의 전문적인 배우는 더그레웨린인데 그는 인사 소개를 담당하였다.

캘리포니아 주에서 소액사건의 원고가 청구할 수 있는 최고액은 750달러이다.

쇼의 프로듀서는 사건마다 800달러를 준비하여 만약 원고가 이길 경우에는 그의 청구액은 그 기금에서 지출되고 잔액은 두 당사자에게 나뉘어지며 만약 원고가 패하는 경우에는 각 당사자는 10분간의 쇼를 행한 보수로 400달러씩을 갖게 되는 것이다.

그와 같은 금전적인 인센티브는 소송 당사자의 60퍼센트가 쇼에 나오는 데 동의하게 하고 있다.

그러한 프로그램에 대하여 그것은 국민으로 하여금 재판제도에 밑바닥에서부터의 지지를 갖게 하여 소액사건법원을 적극 이용하도록 유도할 것이라는 찬성론이 지배하고 있다. 이것이 그 기사의 줄거리이다.

미국민은 확실히 현실생활을 예술화하고 있는 것이다.

(1981. 9. 26. 전북신문)

여유와 향기

값	9,000원
1판 1쇄 인쇄 2012년 11월 7일	**1판 1쇄 발행** 2012년 11월 15일
지은이	고광우
펴낸이	권병일 권준구
펴낸곳	(주)지학사
등록	2010년 1월 29일(제313-2010-24호)
주소	서울시 마포구 신촌로 6길 5
전화	02.330.5297
팩스	02.3141.4488
전자우편	lovemybear@naver.com
홈페이지	www.jihak.co.kr
ISBN	978-89-94700-42-7 03810

잘못된 책은 구입하신 곳에서 바꿔 드립니다.